관계와 운영의 기초를 다지는 팀빌딩 워크북

Step by Step
함께 만드는 협동조합

관계와 운영의 기초를 다지는
팀빌딩 워크북

Step by Step
함께 만드는
협동
조합

주수원 지음

COOPERATIVE
착한책가게

차례

협동조합을 쉽고 재미나게, 무엇보다 함께 알아가기

2008년 글로벌 금융위기를 겪으며 승자독식, 금융자본 중심의 고삐 풀린 시장경제의 문제점에 대한 지적이 많아졌습니다. 그렇다고 시장경제를 부정한다는 것은 아니었지만 어떻게 하면 이 문제를 해결할 수 있을까 많은 학자와 정치인들이 고민했습니다. 그러다 기존의 투자자 중심의 주식회사가 아닌 노동자, 소비자, 생산자 등 시장의 여러 이해관계자가 지역을 기반으로 공동으로 소유하고 민주적으로 운영하는 사업체가 가진 장점을 발견했습니다. 네, 바로 협동조합 얘기입니다.

지속가능한 대안경제 모델로서 협동조합에 주목

유엔에서 글로벌 금융위기 이후 여러 나라의 경제 상황을 살펴보았을 때 협동조합이 활성화된 곳에서는 경제적으로 큰 피해를 입지 않았고, 피해를 입더라도 최대한 고용 보장을 하면서 위기를 이겨낸다는 점을 발견한 것이죠. 협동조합은 무리한 자본 증식보다 구성원의 삶의 질 보장에 초점이 맞춰져 있었기 때문입니다. 경제위기 상황에서도 피해를 1/n로 나눠서 함께 이겨낼 수 있도록 하고 있었고요. 회사가 대주주의 이익을 위해 정리해고에 들어갈 때 협동조합은 고통분담을 하며 지속가능한 시장경제 모델을 만들어가고 있었습니다. 그렇기에 유엔에서도 2012년을 '세계협동조합의 해'로 정하며 슬로건을 "협동조합은 더 나은 세상을 만들어간다"로 했습니다.

우리나라에서도 협동조합의 이런 장점에 주목하여 협동조합을 좀 더 쉽게 만들 수 있도록 국가 차원에서 관련 제도와 지원체계를 갖추기 시작했습니다. 2012년에 협동조합기본법이 시행되었는데, 그 전까지는 농협, 신협, 소비자생활협동조합 등 각 영역별로 개별 협동조합법이 있어 협동조합을 만들 수 있는 사업 범위가 제한되어 있었고 자격 요건도 까다로워 협동조합을 자유롭게 설립하기 어려웠습니다. 그러나 협동조합기본법이 시행되면서 보험과 금융업을 제외한 모든 사업 분야에서 협동조합을 만들 수 있게 되었고, 최소 조합원 수도 5명으로 줄었으며 출자금 총액 최소 제한도 두지 않았습니다. 기존의 소비자생활협동조합법에 따른 생협만 해도 최소 인원이 300명 이상, 총출자금액이 3천만 원 이상인 걸 보면 제한이 얼마나 완화되었는지 알 수 있습니다.

쉽고 명확한 협동조합 이해에 초점을 두었습니다

협동조합기본법이 시행된 지 9년이 넘었지만 아직 협동조합은 많은 사람들에게 생소합니다. 심지어 협동조합을 하는 사람들마저도 협동조합을 다른 사람에게 잘 설명하지 못합니다. 국제협동조합연맹(International Cooperative Alliance, ICA)이 정립한 협동조합의 정의는 다음과 같습니다.

> 공동으로 소유되고 민주적으로 운영되는 사업체를 통하여 공통의 경제적·사회적·문화적 필요와 욕구를 충족시키고자 하는 사람들이 자발적으로 결성한 자율적인 조직

어떠세요? 정의를 봐도 협동조합이 무엇인지 이해하기 쉽지 않죠? 이 책에서는 이 정의의 핵심인 1)공통의 필요, 2)사업, 3)규칙있는 모임으로 나눠서 차근차근 설명드리겠습니다. 끝까지 책을 읽고 나면 여러분도 협동조합을 다른 사람에게 쉽고 명확하게 설명할 수 있습니다.

협동조합 성공의 원리를 차근차근 알려드립니다

다음으로 이 책에서 주목한 부분은 협동조합 성공의 원리입니다. 2012년 협동조합기본법이 시행된 이후 2021년 3월까

지 2만여 개의 협동조합이 신고/인가되었는데 앞에서 이야기한 협동조합의 장점이 잘 발현되었을까요?

안타깝지만 그렇지는 않았습니다. 5명이 모여서 협동조합을 설립한다고 해서 앞서의 장점이 자동으로 발휘되는 것은 아닙니다. 국제협동조합연맹에서는 협동조합의 정체성을 잘 지키기 위해서 7가지 원칙을 제시하고 있습니다. ①자발적이고 개방적인 조합원 제도, ②조합원에 의한 민주적 관리, ③조합원의 경제적 참여, ④자율과 독립, ⑤교육, 훈련 및 정보 제공, ⑥협동조합 간의 협동, ⑦지역사회에 대한 기여 등입니다. 이는 우리나라의 협동조합기본법에도 규정되어 있는 내용들입니다.

협동조합을 설립하는 많은 사람들이 이를 그냥 도덕적 내용으로만 보고 그 의미를 새기지 않습니다. 하지만 이 원칙들은 협동조합이 장점을 발휘하기 위한 최소한의 원리로서 성공의 법칙이기도 합니다.

협동조합 7원칙뿐만 아니라 협동조합 설립과 운영과정에서 최소한으로 알아야 할 내용들이 있습니다. 그렇지만 여전히 많은 사람들이 협동조합을 충분한 고민과 준비 없이 설립해서 조합원들 간 갈등, 사업 실패로 인한 금전적 손해 등이 발생하는 경우가 많습니다. 그러면서 협동조합이 장점이 많다고 하더니 순 거짓말이었네, 하면서 돌아서는 경우도 많이 생깁니다.

7단계를 통해 함께 의논하고 결정해나갈 수 있도록

이미 충분한 정보가 있고 충분한 강의와 컨설팅이 이뤄지고 있는데 왜 그럴까요? 제 생각에는 너무 많은 정보의 제공으로 처음에 무엇을 염두에 두고 해나가야 할지 감을 잡기 어렵기도 하고, 협동조합에 정통한 이들의 언어가 입문자에게는 어려워서가 아닐까 싶습니다.

따라서 이 책에는 협동조합에 대해 많은 것을 넣기보다는 협동조합 설립을 준비하거나 운영하면서 많은 분들이 놓치는 부분에 초점을 두었습니다. 이는 8년 동안의 강의와 컨설팅을 하며 다듬어진 내용이기에 이 책을 따라간다면 협동조합 성공의 필수 요소를 이해할 수 있을 것입니다.

먼저 밝혀두면 협동조합 역사, 전문적인 이론은 최소화했습니다. 이는 학자만이 아니라 협동조합을 설립하고 운영하려는 이들도 알아야 할 내용이지만 처음 접하는 이들에게는 아무래도 흥미가 떨어지고 당장은 도움이 안 된다고 생각할 수 있기 때문입니다.

다음으로 행정절차도 최소화했습니다. 물론 이는 협동조합을 설립하려는 이들에게는 중요한 정보입니다. 협동조합 강의를 하다 보면 많은 분들이 "거, 추상적인 얘기는 그만하고 설립절차나 간단히 알려주쇼. 나는 당장 설립이 급한 사람이오."라고 얘기하는 경우를 많이 접합니다. 그렇지만 설립절차는 설립에 있어 마지막 단계입니다. 협동조합을 설립하려는 이들과의 준비가 제대로 되어 있지 않은 상태에서 설립을 한들 무슨 의미가 있겠습니까? 서류는 여러분이 협동조합을 이해하고 논의한 결과여야 합니다. 따라서 이 책에서는 각 장별로 연결될 수 있는 설립절차와 서류를 간단히 안내하고 꼭 읽어야 할 정관 조항을 안내했습니다.

그렇다면 이 책에서 초점을 둔 것은 무엇일까요? 협동조합을 준비하는 사람들이 함께 의논하고 결정해나가야 할 부분에 초점을 두었습니다. 그래서 마음이 급하더라도 Step1부터 Step7까지 총 7단계를 거치도록 했습니다. 각 단계는 한 명의 독자에게는 협동조합을 이해해가는 과정이며, 협동조합을 설립해가는 이들에게는 함께 협동조합을 논의해가는 모임입니다.

7개의 Step은 크게 3장으로 구분됩니다. 1장은 공통의 필요를 확인하고 정립하는 과정(2회), 2장은 협동조합 사업 성격 이해 및 사업계획 수립(3회), 3장은 규칙 있는 모임을 위한 체계 갖추기(2회)로 구성되어 있습니다. 이 3개의 장은 앞서 언급한 협동조합 정의의 핵심 키워드 3개와 연결됩니다.

**각자의 속도에 맞춰 모임을 진행하며
튼실한 협동조합을 만들어가세요**

물론 협동조합 설립을 준비하려는 이들에게는 7번의 모임만으로 모든 것이 완벽히 준비될 수는 없습니다. 다만 전혀 준비되지 않은 가운데 뛰어드는 경우를 많이 보았기에 최소한 그 정도 모임이라도 했으면 하는 마음으로 정리했습니다. 따라서 진행을 하다가 풀리지 않으면 다시 이전 Step으로 돌아가시기 바랍니다. 또 모임에 따라 좀 더 시간을 두고 생각을 정리하고 자료를 찾아볼 필요가 있는 경우에는 각 단계를 늘려서 진행해보시고요.

각자도생, 무한경쟁 시대에 공존을 통한 장점을 실현하기 위해 함께 배를 타신 협동조합인들을 환영하고 감사한 마음 전합니다.

이 책을 통해 새로운 협동조합과의 만남을 기대하며
협동조합 강사·연구자 주수원

협동조합, 이렇게 준비하고 계시지 않나요?

먼저 협동조합에 꽂힌 이들 2명이 등장합니다. 다 함께 사는 경제, 모두가 행복해지는 기업, 협동조합. 말만 들어도 두근 거립니다. 특히나 무한경쟁, 승자독식 사회에서 협동조합은 한 줄기 희망처럼 여겨집니다. 협동조합을 만들고 나면 지금의 문제들이 뭐든 잘 해결될 것만 같습니다. 협동조합은 최소 5명이서 만든다고? 그럼 내 주변의 3명을 더 모아보자란 생각으로 찾아봅니다.

이렇게 설득의 대상이 된 3명은 아직은 협동조합이 뭔지도 모르고 시큰둥합니다. 하지만 아는 사람이 저리 열심히 얘기하는 걸 보면 좋은 것일 거라는 생각은 듭니다. "그럼 내가 뭘 하면 되는데?" 하고 묻자 출자금을 내고 조합원으로 가입하면 된다고 합니다. 출자금은 우리끼리 정하면 되니 그럼 우선 각자 10만 원 정도만 내보자고 의견이 모아집니다. 혹 잘못될 경우 없는 셈 칠 수 있는 돈이죠.

이렇게 5명이 모였습니다. 처음에 적극적으로 나선 2명을 리더그룹, 뒤에 함께한 3명을 참여그룹이라고 해봅시다. 리더 그룹은 이렇게 5명이 모인 상황에서 이제 모두 주인이 되어 주체적으로 할 거라 생각합니다. 하지만 참여그룹은 출자금을 내놓은 것만으로 역할을 다했다고 생각하죠. 여기서부터 동상이몽이 시작됩니다. 그리고 동상이몽으로 인한 갈등이 신고서류를 접수할 때부터 슬슬 피어오릅니다.

협동조합의 실체를 갖춘 뒤 사업을 하려면 법인을 설립해야 하고, 이때 각종 서류 작성이 필요합니다. 리더그룹은 참여그룹과 함께 서류작업을 하려고 합니다. 협동조합이란 모두가 주인이 되고 다들 자기 일처럼 적극적으로 참여하는 것이라고 배웠으니까요. 하지만 참여그룹은 다릅니다. 앞서 얘기했듯이 출자금을 내놓은 것으로 자기 할 일을 다 했다고 생각합니다. 이런 저런 핑계를 대며 모임에 잘 나오지 않습니다. 리더그룹은 여기서부터 뭔가 이상한 낌새를 느끼지만, 서류작업 정도는 몇 명이서 뚝딱 만들고 말지란 생각으로 정리합니다.

문제는 이 다음부터입니다. 신고필증이 나오고 이제 등기를 하려고 합니다. 앞서 출자금을 한 사람당 10만 원으로 하고 5명이서 50만 원을 모았습니다. 등기비용으로 지역에 따라 그리고 법무사를 통하느냐 아니냐에 따라 다르지만 대략 40~100만 원 정도 듭니다. 아뿔싸! 출자금이 다 사라지는 순간입니다. 리더그룹은 10만 원을 초기 신뢰비용으로 보았고,

본격적인 사업비용으로 보지 않았습니다. 업종에 따라 다를 수 있지만 어느 누가 50만 원으로 사업을 하겠다고 생각하겠습니까? 처음 모은 돈일 뿐 협동조합 사업이 본격화되면 조합원들이 계속 증자(자본금을 늘리는 일)를 할 것으로 생각한 것이죠. 하지만 참여그룹도 그러했을까요? 아닙니다. 참여그룹에게 출자금은 일시 후원금 그 이상도 이하도 아니었습니다. 등기비용에 따라 추가로 들어가는 비용을 얘기하는 순간 참여그룹은 협동조합이 밑 빠진 독이 아닌가 의심하기 시작합니다. 처음의 동상이몽 속 균열과 달리 이때의 균열은 좀 더 현실적이며, 많은 협동조합들이 이 상태에서 정지하게 됩니다.

기획재정부가 2020년에 발표한 〈협동조합실태조사〉에 따르면 설립 협동조합 중 89.6%가 법인등기를 완료했습니다. 협동조합 설립 신고를 한 곳 중에서도 10개 중 하나는 등기를 하지 않는 것입니다. 등기비용조차 아깝거나 등기하려는 과정에서 좌초되는 경우도 많은 것이죠.

등기를 하고 사업자등록을 한 곳이라고 다 제대로 운영되는 것은 아닙니다. 앞서의 조사에서는 운영이 되고 있는 협동조합 비율을 54.2%로 보고 있습니다. 법인등기를 완료한 협동조합 중 사업자등록을 하고, 법인세를 신고 또는 납부하거나 고용보험에 가입한 협동조합이 대상입니다. 절반 정도가 운영되고 있으며 절반 정도는 휴면 상태라고 할 수 있습니다.

운영이 되고 있다고 해서 안정적으로 자리를 잡은 것은 아닙니다. 사업에 필요한 최소 자원이 아직 모이지 않아서 허덕이는 경우도 있고 무엇보다 시장에서 선택을 받지 못하는 경우도 많기 때문이죠. 우리만의 필요에 그치면서 수익구조를 만들어내지 못하거나, 다른 경쟁업체에 비해 품질 확보가 되지 못해 소비자의 선택을 받지 못하기도 합니다. 이를 알 수 있는 지표가 고용보험 가입률입니다. 앞서의 조사에 따르면 협동조합 중 32%가 고용보험에 가입해 있습니다. 물론 잘 운영되는 협동조합이 모두 직원을 고용하는 것은 아닙니다. 직원 없이 잘 운영되는 곳도 있고 또 고용보다는 수당 방식으로 일을 맡겨서 할 수도 있을 것입니다.

앞의 실태조사에 따르면 현재 협동조합은 업종별로는 도매 및 소매업(22%), 교육서비스업(15%), 농림어업(9.4%), 예술·스포츠 및 여가관련서비스업(9.0%), 제조업(8.9%)에 집중되어 있습니다. 두 번째로 많은 비중을 차지하는 교육서비스업의 경우에는 강사들 간에 교육 영업, 정산 등의 일을 나눠서 할 경우 조합 직원 없이도 운영이 잘 되는 경우가 많습니다. 하지만 그렇다 하더라도 되도록 협동조합 자체 직원이 한 명 이상 있어야 운영이 안정적으로 될 수 있습니다. 또 한 명도 고용하지 못하는 협동조합의 경우 아직 매출을 제대로 내지 못하는 경우라고도 볼 수 있습니다. 그럼 설립된 협동조합 10개 중 3개 정도가 안정적으로 운영해가고 있는 것으로 볼 수 있죠.

어떠세요? 우리가 생각하는 협동조합이 10개 중 3개에 들 수 있을지 고민이 되지요? 앞서의 경우처럼 리더그룹이 일방적으로 끌고 갈 경우 협동조합의 장점을 살리지 못하고 단점은 직격탄으로 맞는 경우가 많습니다. 어렵사리 출발은 했지만 점점 갈등이 증폭되는 것이죠. 리더그룹은 이미 에너지가 고갈된 상태가 되고, 참여그룹은 협동조합이 황금 알을 낳는 거위가 아니란 깨달음에 괜스레 리더그룹이 원망스럽습니다. 결국 협동조합은 신포도가 됩니다. 부푼 마음으로 협동조합을 설립했다가 협동조합이라면 치가 떨리게 되는 거죠. 협동을 통한 공생은 신기루에 지나지 않으며 각자도생의 길만이 있다고 외칩니다.

왜 이렇게 되었을까요? 창업에는 많은 위험이 따르게 마련이고, 특히나 요즘 같은 불경기에 창업을 통한 성공이란 더더욱 어려운 일입니다. 협동조합은 의미도 있고 장점도 있지만 또 약점도 많은 사업방식입니다. 그럼에도 이런 협동조합의 특성에 대해 충분히 알아가는 시간 없이, 즉 준비운동 없이 바로 뛰어드는 경우가 많습니다. 협동조합에 대해 알리고 교육하는 이들은 충분히 시간을 두고 준비했으면 하는 마음에 말려보기도 하고 여러 사례들을 알려주기도 하지만 급한 마음에 귀에 들어오지 않습니다. 그래서 최근에는 설립된 협동조합들을 대상으로 한 보수교육이 늘어나고 있습니다. 먼저 충분히 준비하고 설립하는 게 맞지만, 준비 없이 설립했다면 이제라도 다시 돌아보며 준비과정을 거쳐 가자는 것이죠.

저는 협동조합이 만능이 아니라고 생각합니다. 또한 함께 협동조합을 할 사람을 찾는다는 게 생각처럼 쉽지 않고 시간이 오래 걸릴 수 있는 일이라 생각합니다. 특히나 협동조합은 설립했다고 해서 끝나는 게 아니라 끊임없이 과정 중에 있을 수밖에 없는 속성이 있습니다. 서로 다른 사람들끼리 계속 마음을 맞춰나가고, 고민하고 의견을 모으는 과정이 필요한 것이죠.

결국 협동조합으로 성공적인 사업을 할 수 있기 위해서는 협동조합의 독특한 의사결정 방식, 협동조합다운 사업방식을 모두 함께 익혀나가는 수밖에 없습니다. 앞서의 사례에서 문제가 있었던 것은 리더그룹과 참여그룹이 분리된 채 참여그룹을 협동조합 세계로 충분히 초대하지 못했기 때문입니다. 물론 모든 일에는 더 적극적인 사람이 있을 수밖에 없지만, 협동조합이 힘을 받으려면 준비과정에서부터 조합원들이 함께 고민하고 의사를 결정하는 과정이 뒷받침되어야 합니다.

이 책을 통해 협동조합으로서 관계와 운영의 기초를 다져가며 Step by Step 함께 협동조합을 만들어가기 바랍니다. "걸어가는 사람이 많아지면 그것이 곧 길이 되는 것이다."라는 말이 있습니다. 우리나라에도 잘 알려진 중국의 작가 루쉰이 한 말이죠. 여러분과 함께 노력하여 튼튼하고 건강한 협동조합이 많아지면 우리 사회가 좀 더 따뜻해질 거라 봅니다. 그럼 이제 협동조합 준비모임을 시작해보겠습니다!

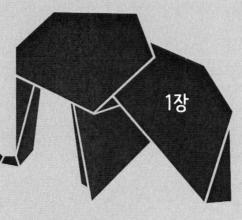

1장

협동조합의 목적은
공통의 필요

우리는 어떻게 연결되어
있을까요?

우리는 협동조합에 대한 막연한 생각으로 모였습니다.

'협동'이란 단어는 참 쉽지만, 우리 사이에서 과연 협동이 가능할지,

우리가 협동을 통해 무엇을 달성하고 싶은지

아직 잘 감이 오지 않는 게 사실입니다.

거기에다 '조합'을 만든다는 것이 무엇인지는 더욱 막연하고요.

동네에서 자주 만나 친한 사람도 있지만

오늘 이 자리에서 처음 만났거나 낯선 사람도 있습니다.

이 참을 수 없는 서먹서먹함, 막연함을 어떻게 하면 좋을까요?

'협동조합' 하면 어떤 생각이 떠오르나요?

여러분은 협동조합이란 말을 들을 때 어떤 생각이 드시나요? 여러분이 느끼는 협동조합에 대한 생각과 감정을 얘기해주세요. 협동조합이 어색하다면 '내가 생각하는 협동'으로 답변을 하셔도 좋습니다.

되도록 비유로 이야기해볼 것을 권해드립니다. 예를 들어 협동조합과 관련해 어떤 고등학생은 "협동조합은 물이다."라고 표현했습니다. 이 학생이 덧붙인 해석은 "물이 담기는 컵의 모양에 따라 각각 달라지듯이 협동조합이라는 것도 어떤 사람들이 하느냐에 따라 달라지는 것 같아요."였습니다. 어떠세요? 여러분도 다음 틀에 따라 협동조합에 대해 가진 느낌을 자유롭게 표현해보시기 바랍니다.

내게 있어 **협동조합**(협동)은 _____ 입니다.

왜냐하면 _____ 이기 때문입니다.

어떠세요? 협동조합(협동)에 대해 모두 비슷한 생각을 가지고 있을 줄 알았는데 얘기를 하다 보니 서로 협동조합(협동)에 대한 상이 다르구나 싶지요?

이 책에서는 여러분이 설립해가려는 협동조합의 목적과 하려는 사업 그리고 조합원들끼리 지켜나가야 할 규칙 등에 대해서 계속 질문을 던질 거예요. 그때마다 각자 충분히 시간을 두고 책이나 메모지에 자신의 생각을 써보세요. 글로 쓰면 생각이 더 명확해지고 다른 사람에게도 오해 없이 전달될 수 있습니다. 그리고 각자의 생각들이 모여 협동조합 설립 기록이 되고요.

협동조합을 하기 위해 가장 먼저 해야 할 일, 마음 맞추기

첫 만남은 가볍게 시작해보겠습니다. 오늘 여러분과 할 중심 내용은 서로의 마음을 들여다보는 일이에요. 아니, 웬 생뚱맞은 마음이냐 싶을 수도 있고, 처음부터 너무 어렵다 싶을 수도 있을 거예요. 우리 속담에 "열 길 물속은 알아도 한 길 사람 속은 모른다."는 말이 있듯이 사람 속을 어떻게 다 알 수 있겠어요? 사실 하루에도 몇 번씩 변하는 내 마음도 알기 어려운 법인데요.

함께하는 사람의 마음을 속속들이 알 수는 없겠지만 서로를 알아가는 과정이 오늘부터 시작되어야 해요. 서로의 라이프 스타일을 알아가고 좋아하는 것을 알아가며 공통의 코드를 찾아가는 과정인 것이죠. 이렇게 하다 보면 우리가 함께 해볼 만한 일들이 조금씩 나올 수 있습니다. 연애할 때나 친구를 사귈 때 서로의 관심사를 물어보는 것처럼 말이죠.

협동조합은 마음 맞고 뜻이 맞는 사람들끼리 함께하는 것이기 때문이에요. 협동조합을 하려는 사람들이 모인 만큼 어느 정도는 뜻을 같이하는 사람들이 모였을 거예요. 하지만 어쩌면 더 중요한 마음 맞추기를 건너뛰었을 수 있습니다. 뜻이 맞아도 마음이 맞지 않으면 사소한 일로 오해가 쌓이고 갈등이 생기는 경우가 많아요. 물론 단순히 공통점이 많다고 해서 마음이 잘 맞는 것은 아닙니다. 나와 전혀 다른 사람이지만 묘하게 통하는 사이도 있고요. 유머 코드일 수도 있고 뭐라 꼭 집어 얘기할 수 없는 미묘한 결일 수도 있습니다. 어쨌든 이러한 점들을 확인하기 위해서라도 마음 맞추기 과정은 꼭 필요합니다.

덧붙여 '우리는 이미 충분히 친한데.', '서로 잘 아는 사이야.'라고 생각하는 분들도 마음 맞추기 과정이 필요합니다. 우리가 잘 안다고 생각했던 이들도 다른 주제로 만나서 얘기해보거나 다른 조합으로 만나서 얘기하면 전혀 몰랐던 모습과 얘기들이 나오기 때문이죠. 또 다음의 마음 맞추기 과정은 뒤에서 더 자세히 얘기할 우리 협동조합의 특성 중 하나를 결정하는 과정이기도 해서 건너뛰지 마시고 꼭 해보시기 바랍니다.

마음 맞추기를 위한 가벼운
준비운동

　서로의 마음을 들여다보고 맞춰보기로 했다지만 대체 어디
서부터 시작해야 할지 막막하죠? 먼저 서로의 공통점을 찾기
위한 가벼운 아이스브레이킹 게임을 제안합니다. 서로 간의 서
먹서먹함을 깨는 동시에 우리가 서로 어떻게 연결이 되어 있
고, 어떤 공통점이 있을지 찾아보기 위한 준비운동인데요. 워
크숍 때 자주 하는 '인간빙고' 게임을 살짝 응용한 방식입니다.

　하는 방법은 간단해요. 먼저 펜과 종이를 준비해주시기 바
랍니다. 방식은 다음과 같은 3×3 빙고 판을 활용하는 빙고게
임의 변형입니다.

　다른 점은 빈칸에 들어갈 내용이 숫자가 아니라 우리 사이
의 공통점이라는 것입니다. 9개 칸에 자신의 특성을 미리 다
채워놓고 시작하는 게 아니라, 다른 사람들과 만나면서 공통점
을 찾아 하나씩 채우는 방식입니다. 돌아다니면서 간단한 인사
와 함께 이야기를 나누면서 공통점을 찾아보세요.

　9개 칸을 다 채웠다면 이제 각자 돌아가면서 공통점을 얘

기하며 칸을 지워갑니다. 시간에 따라 가로, 세로, 대각선 중 2~3개 완성의 기준을 정해서 할 수 있습니다. 모인 사람과의 공통점을 잘 찾아낸 사람이 이기는 게임이죠. 다만 공통점 9개를 다음과 같은 식으로 구성하도록 합니다.

첫 번째 줄: 라이프 스타일 / 두 번째 줄: 생활상 불편함 / 세 번째 줄: 좋아하는 것

라이프 스타일	공통점: 비혼 1인 가구	공통점: 반려동물 있음	공통점: 올빼미형
	이름: 철수	이름:	이름:
생활상 불편함	공통점: 택배 받을 곳 없음	공통점: 주말의 따분함	공통점: 과일 섭취 부족
	이름:	이름:	이름:
좋아하는 것	공통점: 영화를 좋아함	공통점: 여행을 좋아함	공통점: 커피를 즐겨 마심
	이름:	이름:	이름:

누가 가장 빨리 빙고를 완성했나요? 가장 많은 공통점을 가장 빠른 시간 안에 찾아낸 사람의 비결은 무엇인지도 얘기 나눠보세요. 무엇보다 라이프 스타일과 필요에 대한 이야기를 바탕으로 우리 사이의 공통점을 세 가지 정도 얘기 나눠보는 것이 좋습니다.

마음 다음으로 뜻을
맞춰가기

마음 맞추기가 한 번에 되진 않을 거예요. 또 협동조합을 하기 위해 모인 자리에 처음 만나는 사람이 많다면 더욱 시간이 걸릴 일이고요. 협동조합을 주제로 만날 때마다 서로를 알아가는 시간을 가지는 게 좋습니다. 그러지 않을 경우 막연히 협동조합을 하면 좋을 거라는 생각으로 추진해가는 사람에게 끌려가기 쉽습니다. 실제 이런 경우를 종종 봅니다. 그렇기에 마음을 맞추는 것에서 멈추지 말고 게임을 하면서 알게 된 각자의 라이프 스타일을 바탕으로 혼자 풀어가기 어려운 불편함을 얘기해보며 여러분만의 협동조합에 대한 상을 정리해가는 게 필요합니다. 이 불편함이 협동조합의 시작점이거든요. 그럼 먼저 국제협동조합연맹에서 내린 협동조합의 정의를 같이 읽어볼까요?

공동으로 소유되고 민주적으로 운영되는 사업체를 통하여 공통의 경제적·사회적·문화적 필요와 욕구를 충족시키고자 하는 사람들이 자발적으로 결성한 자율적인 조직

아직 이 말이 너무 낯설게 느껴질 거예요. 다른 부분은 앞으로 계속 만나면서 함께 알아가고 우선은 "공통의 경제적·사회적·문화적 필요와 욕구를 충족시키고자 하는 사람들"에 집중해보세요. 경제적 필요와 욕구도 있겠지만 사회적 내지는 문화적 필요와 욕구도 협동조합의 시작점입니다. 우리가 모인 이유는 혼자서는 풀 수 없는 불편함이 있고 이러한 불편함을 함께 해결하고자 하는 욕구가 있기 때문일 테죠. 협동조합을 한다는 것은 막연히 무언가를 함께 하면 좋을 거라는 생각보다는 구체적인 불편함과 이를 바탕으로 한 공통의 필요를 기반으로 합니다. 예를 한번 들어볼까요?

● '청년 주거 협동조합'의 예

이들은 청년들의 열악한 주거문제에 주목했습니다. 일명 '지옥고'라고 하죠. 지하방, 옥탑방, 고시원을 줄여서 부르는 은어입니다. 전국 1인 청년 가구 중 이른바 '지옥고'라고 불리는 곳에서 사는 주거 빈곤 가구는 45만에 이른다고 합니다. 협동조합을 통해 청년들이 적은 돈으로도 좋은 주거환경을 갖는 게 이들이 지닌 공통의 필요였습니다.

● '경력보유 여성 연구자를 위한 협동조합'의 예

소설 《82년생 김지영》에서 보듯이 임신, 출산, 육아 등으로 다니던 직장을 그만두게 되는 여성들이 많습니다. 흔히 경력단절 여성이라고 하지만, 이 협동조합은 경력보유 여성이 맞는 단어이고 이들은 여성 연구자들의 공동 플랫폼이라는 필요를 느꼈습니다. 정부, 기업체와 계약을 할 때 개인이 하기 어렵고 전업을 할 수 없는 이들을 위한 일거리 마련이 공통의 필요였습니다.

자, 여러분은 어떤가요? 이와 비슷하게 여러분 각자의 불편한 상황과 여기 모인 사람들과 함께 풀어가고 싶은 필요를 얘기해보기 바랍니다. 이는 결국 현재의 어려운 상황(AS-IS)과 개선을 통해 달성하고자 하는 미래(TO-BE)를 얘기하는 것이기도 합니다.

내가 처한 어려움은 ＿＿＿＿＿＿＿＿＿＿＿ 입니다.

이 문제를 혼자서 풀 수 없기에 이 자리에 왔습니다.

그래서 협동조합을 통해 ＿＿＿＿＿＿＿ 하는 게 나의 필요입니다.

많이 쑥스러우시죠? 텔레파시만 통하더라도 서로 이런 쑥스러운 얘기를 꺼내지 않아도 좋을 텐데 말이죠. 다른 사람이 내 속마음을 알 수 없기에 내 마음을 완벽하게 드러내지 못하는 부족한 말이더라도 꺼내서 나눌 수밖에 없습니다. 때론 말이 내 마음 같지 않게 나오기도 하고, 잘못 전달되기도 하지만 이렇게 얘기를 나눔으로써 다른 사람이 나를 알 수 있습니다. 처음부터 완벽한 소통을 기대할 수는 없을 겁니다. 부족하지만 그래도 서로의 생각을 나누고 맞춰가는 과정이 필요할 수밖에 없습니다. 힘을 내보세요!

공통의 필요와
욕구를 찾아가기

자, 이렇게 각자의 생각을 드러내었다면 이제 공통점을 찾아가는 작업을 해야 합니다. 비슷한 필요를 가진 사람들이 모였다고는 하지만 각자가 주목하는 현실은 사실 조금씩 다를 수 있습니다. 더욱이 현실에 대한 인식의 차이는 변화하고자 하는 미래의 상에서 더욱 크게 달라질 수 있습니다. 예를 들어 똑같은 1인 가구의 상황에 있다 하더라도 불편한 상황이 얼마나 다양하겠습니까. 주목하는 불편함이 혼자 먹는 식단의 단조로움일 수도 있고, 안전문제일 수도 있습니다.

중요한 것은 이러한 차이를 처음에 뭉뚱그려서는 안 된다는 점입니다. 사소한 단어의 차이, 뉘앙스의 차이라고 볼 수도 있지만 이 차이를 드러내고 서로 함께할 수 있는 공통점을 파악하는 것은 무척 중요합니다. 이때 결코 해서는 안 되는 말은 다음과 같습니다.

"내가 보기에 거시적으로 보면 같은 얘기다."

"당신의 말과 내 말은 별 차이가 없다."

"그런 시시콜콜한 이야기는 됐고~."

공통점을 찾고 서로 함께 해나갈 목표를 정하는 것은 무척 중요한 일이죠. 하지만 서둘러 차이를 봉합하려 들지 말고 충분히 얘기를 나누며 함께 해나갈 수 있는 부분을 찾아가시기 바랍니다. 쉽지 않죠? 한 명씩 돌아가며 충분히 얘기를 나누고 공통점을 찾아보세요.

이렇게 모아진 의견을 다음과 같이 완성해봅시다.

우리가 발견한 공통의 필요는 ＿＿＿＿＿＿＿＿＿ 등입니다.

이를 위해 우리가 해결해야 할 문제는 ＿＿＿＿＿＿＿ 이 있습니다.

이를 통해 우리는 ＿＿＿＿＿＿＿＿＿＿ 한 목표에

도달할 수 있습니다.

협동조합의 미션은
함께 찾아가는 것

오늘 여러분이 세운 협동조합의 목표는 기업체의 미션 (Mission)으로 연결됩니다. 미션은 기업이 존재하는 근본적인 목적과 기본철학입니다. 예를 들어 삼성전자의 미션은 "전문성을 통해 고객에게 최적의 가치를 제공한다"입니다. 2017년 발표한 페이스북의 미션은 "사람들에게 커뮤니티를 만들고 세상을 더 가깝게 만들 수 있는 힘을 주자"입니다. 앞서 언급한 청년 주거 협동조합의 경우라면 "청년들에게 좋은 주거환경을 제공하자"로 정리해볼 수도 있을 겁니다.

이러한 미션을 수립해가는 과정은 한 번으로 끝나지 않습니다. 협동조합 설립을 준비하고 운영하면서 방향을 잃을 때마다 다시 조합원들과 논의해서 재정립할 수 있습니다. 일반기업에서도 직원들과 함께 미션 수립 워크숍을 주기적으로 합니다. 미션이란 경영을 위한 로드맵이자, 조직이 존재하는 근본 이유이기 때문이죠. 미션과 관련한 다음의 표현들만 봐도 기업에서 미션을 잘 수립하고 구성원들과 공유하는 게 얼마나 중요한지 알 수 있습니다.

> 미션이란 수평선을 쫓아가거나 길잡이별을 따라가는 것처럼 성취할 수 없으면서도 항상 앞으로 나아가게 하는 것이다.
>
> － 짐 콜린스
>
> 나는 끝낼 수 있을 거라 생각하지 않는다. 수많은 장애물이 있고, 죽을 때까지 결코 도달할 수 없는 장애물도 있게 마련이다. 중요한 것은 미션을 향해 끊임없이 일하는 것이다.
>
> － 스티브 잡스

    공통의 필요와 욕구를 얘기하고 우리 협동조합의 미션으로 정리해가면서 정관상의 목적 및 사업계획서상의 설립목적의 내용들을 조금씩 다듬을 수 있습니다. 물론 한두 사람의 그럴 듯한 말로도 적을 수 있겠지만, 협동조합을 하려는 이들이 충분히 논의를 거친 후 정리된 언어가 가지는 힘은 무척 큽니다.

여러분의 속도에 맞춰서
진행해가세요

어떠신가요? 첫 만남치고는 할 만했나요? 아니면 하루에 끝내기에는 너무 아쉽고 할 얘기가 많았나요? 만약 이 부분과 관련해서 더 얘기를 나눠야 한다면 다음번에 만나면서 더 해볼 수 있습니다. 한 번에 다 끝낼 필요는 없습니다. 서두에서 얘기했듯이 외부의 속도가 아닌 여러분의 속도에 맞춰서 하나씩 해나가세요.

다만 여기서 주의할 점은 처음부터 완벽한 답을 내려는 강박은 갖지 말라는 것입니다. 여러분이 오늘 정한 협동조합의 목적은 앞으로 여섯 번 더 만나면서 추가할 수도 있고 바뀔 수도 있습니다. 우리는 아직 준비단계이기에 고정불변의 완벽한 답을 내려고 생각한다면 좀처럼 앞으로 나아가기가 어려울 수 있습니다. 오히려 협동조합의 다양한 면을 접하면서 오늘의 과제를 좀 더 입체적으로 바라볼 수 있게 되고, 더 나은 답을 만들 수도 있어요.

협동조합은 속도가 중요하지 않습니다. 빠르게 결정하고

신속하게 나아가려면 주식회사를 택하시길 권해드립니다. 협동조합에서는 한두 명의 의견으로 목표를 정하기보다는 충분히 시간을 들여 함께하는 사람들이 공통의 필요와 목표를 맞춰가야 해요. 이 부분을 생략하면 언젠가는 탈이 납니다. "우물에 가서 숭늉 찾는다."는 속담이 있죠? 협동조합을 하기로 한 이상 천천히 다지면서 나아가야 해요.

혹 아직도 마음이 급한 분들을 위해 로마 황제 아우구스투스가 한 말을 들려드릴게요. "천천히 서둘러라(Festina lente)." '서두르다'를 뜻하는 'festina'와 '천천히'를 뜻하는 'lente'가 결합되었는데 모순된 말처럼 느껴집니다. 하지만 이 말에는 서두르지만 천천히 전후좌우를 살펴보면서 방향과 목적의식을 잃지 말라는 의미가 담겨 있습니다. 또한 천천히 여유롭게 가되 다음 할 일을 구상하면서 기회가 다가오면 머뭇거림 없이 서둘러 앞으로 달려 나아가야 한다는 의미도 담겨 있고요.

여러분만의 속도, 함께 만들어가는 과정! 잊지 마세요. 오늘, 모두 수고 많으셨습니다. 모두에게 박수를!

자발적인 가입과 개방적인 조합원제도 Voluntary and Open Membership

협동조합은 자발적 조직으로서, 성(性)적·사회적·인종적·정치적·종교적 차별을 두지 않고, 협동조합의 서비스를 이용할 수 있고 조합원으로서 책임을 다하는 모든 사람에게 개방된다.

앞으로 언급할 협동조합 원칙은 앞에서도 잠깐 얘기되었던 국제협동조합연맹에서 정한 내용입니다. 우리나라에만 협동조합이 있는 게 아니라 전 세계 나라들에 다양한 협동조합이 있습니다. 전 세계 협동조합이 만든, 세계 각국의 협동조합을 대표하는 세계 최대의 비정부기구가 국제협동조합연맹입니다. 1895년 창립 이후 109개 국가의 300개가 넘는 협동조합 연합체들이 가입해 있는 10억 명 이상의 조합원을 대표하는 조직이죠. 우리나라에서도 농협, 신협, 아이쿱소비자생협연합회, 한국협동조합국제연대 등 7곳이 가입되어 있습니다.

협동조합 원칙은 고정불변의 것이 아닙니다. 1937년과 1966년 두 차례에 걸쳐 공식 발표한 뒤, 1995년 새로운 시대 변화에 맞춰서 새롭게 정립되었고, 최근에는 '지속가능성' 등을 추가할 것을 논의 중에 있습니다. 이후 언급할 각 원칙에 대한 설명은 《성공하는 협동조합의 7가지 원칙》(이안 맥퍼슨, 장종익·김신양 번역)을 토대로 합니다. 동시에 관련 원칙과 연계된 협동조합기본법 내용도 병행해서 보여드리겠습니다.

협동조합 원칙은 '3장 협동조합의 운영방식은 규칙 있는 모임'에서 자세히 다룰 협동조합 안에서의 규칙 만들기와도 관련 있습니다. 협동조합이 일반적인 동업과 다른 점도 모든 협동조합에 공통으로 적용되는 규칙인 협동조합 7원칙이 있기 때문이기도 하고요.

첫 만남과 연결될 수 있는 협동조합 원칙은 '자발적인 가입과 개방'입니다. 보통 이 문구를 협동조합은 만인에게 열린 조직으로 잘못 이해하는 경우가 있는데 그렇지 않습니다. 협동조합은 아래에도 나오듯이 "협동조합의 설립 목적 및 특성에 부합하는 자"로 제한할 수 있습니다. 즉 이러한 공통의 필요를 바탕으로 "협동조합의 서비스를 이용할 수 있고 조합원으로서 책임을 다하는" 사람에게 개방되는 것이죠.

| 협동조합기본법 관련 조항 |

제21조(가입)

① 협동조합은 정당한 사유 없이 조합원의 자격을 갖추고 있는 자에 대하여 가입을 거절하거나 가입에 있어 다른 조합원보다 불리한 조건을 붙일 수 없다.

② 협동조합은 제1항에도 불구하고 정관으로 정하는 바에 따라 협동조합의 설립 목적 및 특성에 부합되는 자로 조합원의 자격을 제한할 수 있다.

협동조합 외에도
회사, 비영리법인이라는 선택지가
있다고요?

우리끼리는 얘기도 잘 통하고

우리가 일하는 방식이나 소통하는 방식이 협동조합에 잘 맞는다는

생각이 들었습니다.

그런데 어떤 사람이 우리가 정리한 내용을 보더니

회사, 비영리법인이 더 맞지 않겠냐고 얘기합니다.

사실 우리에게 가장 익숙한 사업방식은 회사이죠.

아직은 회사와 협동조합의 차이가 정확히 와 닿지 않습니다.

그리고 공통의 필요로서 모은 내용을 보니 일반적인 사업체 방식보다는

시민사회단체를 설립하고 회원들을 모아서

정부나 지자체에 요구하는 게 맞겠다는 생각도 들고요.

협동조합 외에 회사, 비영리법인이라는 선택지를 놓고 다시 헷갈립니다.

이 셋은 어떻게 다른가요?

나에게 협동조합이
맞을까?

첫 만남을 하고서 집에 돌아간 뒤에 나에게 협동조합이 맞을까란 고민이 들 거예요. 당연한 일이죠. 협동조합은 여전히 낯설고, 다른 사람들과 함께하는 건 쉽지 않으니까요.

게다가 "평양 감사도 저 싫으면 그만이다."란 말이 있듯이 남한테 좋은 게 나한테도 꼭 좋으란 법은 없습니다. 우리가 세운 목표를 협동조합이 아닌 다른 방식으로 풀어갈 수도 있고요. 그렇기에 우리 각자의 개성과 일하는 스타일 등이 협동조합에 맞는지 함께 얘기해보는 시간을 가질 필요가 있습니다.

협동조합이란 말이 아직은 추상적으로 느껴진다면 나는 개인플레이를 더 잘하고 잘 맞는지 아니면 협업을 해서 일을 하는 게 더 잘 맞는지 얘기해보시길 권합니다. 협동조합을 하려고 모인 사람들인데 당연히 협동에 가치를 두고 잘할 거라고 생각한 사람들이지 않겠냐고요? 그렇지 않습니다. 여러분에게 얘기하는 저 역시 일에 따라, 함께하는 사람에 따라, 제 상태에 따라 협동이 잘 맞지 않고 어려운 경우도 많거든요. 아마 누구나 그러할 것이라고 봅니다.

대뜸 '나는 협동에 적합한 사람인가'라는 질문으로 이야기를 나눠보라니 참 막막하죠? 이런 부분에 대해 생각을 많이 해본 사람이라면 모를까, 그런 것 같기도 하고 아닌 것 같기도 하고 애매할 것입니다. 더욱이 여러 사람들 앞에서 내 이야기를 꺼내기는 더 어렵고요.

그래서 다음과 같은 협동 테스트를 준비해봤습니다. 이 테스트가 협동 지수를 평가해주는 정식 테스트는 아니에요. 다만 내 일상 속에서 협동을 꺼내서 얘기해보는 질문들이에요. 그럼 한번 해볼까요? 다음 질문 중에 자신은 몇 개나 해당하나요?

- ☐ 나는 다른 사람의 강점을 잘 발견하는 편이다.
- ☐ 일을 할 때 혼자보다 여러 사람과 함께 일하는 게 편하다.
- ☐ 카페나 술집에서 수다 떠는 걸 좋아한다.
- ☐ 여행 갈 때 혼자 앞서가기보다 뒤처지는 사람을 챙기며 페이스를 맞추는 편이다.
- ☐ 일단 누군가에게 맡긴 이상, 사소한 부분을 의심하지 않는다.
- ☐ 일방적인 대화보다는 탁구처럼 서로 주고받는 대화를 즐긴다.
- ☐ 나의 불편함을 혼자 해결하기보다 다른 사람과 같이 해결하려 하는 걸 좋아한다.
- ☐ 나와 생각이 다르면, 차이점보다는 공통점을 발견하며 시너지 효과를 찾아내는 편이다.
- ☐ 나보다 나이가 어리거나 직위가 낮은 사람이 하는 얘기도 잘 귀담아 듣는 편이다.
- ☐ 갈등이 생겼을 때 양쪽의 의견을 듣고 중재하는 걸 즐기는 편이다.
- ☐ 모임에서 한두 사람이 얘기하게 하기보다 여럿이 돌아가며 얘기하도록 만드는 편이다.

어떠세요? 각자 어느 정도 해당되는지 얘기해볼까요? 그리고 위의 질문 중에서 협동과 관련이 없다고 생각되는 질문은 빼도 좋고, 또 다른 질문을 추가해보기도 하세요. 제가 제시한 질문들은 협동이란 다른 사람의 장점을 잘 발견해주고, 여러 의견을 수용하며 공동의 안을 도출하는 사회적 소통능력이 요구된다는 전제를 바탕으로 만든 것이에요. 따라서 협동에 대한 정답을 제시하는 것이라기보다는 서로 가지고 있는 협동에 대한 생각을 조금이라도 편하게 나눌 수 있도록 하는 도구예요. 서로 얘기 나누면서 협동에 필요한 다른 요소를 추가할 수도 있고 제가 전제로 한 부분이 틀렸다고 말할 수도 있겠지요.

또 스스로 생각하기에 타인과의 소통이나 협업에 자질이 부족하다고 해서 의기소침해하거나 그런 사람을 배척할 필요는 없습니다. 조금 부족한 부분들은 보완해갈 수도 있고 협동조합에서 의사결정을 하거나 일을 할 때는 내 안의 다른 근육을 더 쓸 수도 있으니까요. 협동의 근육이죠.

사업을 하기 위해 필요한
법인에 대한 이해

지난 시간 협동조합을 주제로 처음 만나면서 우리가 만들려고 하는 협동조합의 목표에 대해 얘기를 많이 나눴습니다. 이번에는 이러한 공동의 목표를 협동조합이라는 사업체를 통해서 풀어가는 게 맞는지 알아보려고 합니다. 여러분이 정리한 공동의 목표가 사업체를 꾸려서 달성하기보다는 캠페인을 통한 여론화로 정부가 공공의 역할을 수행하도록 하거나, 국회를 통해 입법을 추진해서 이뤄내는 게 더 맞을 수도 있으니까요. 또한 사업의 방식으로 풀어간다 해도 협동조합만이 길은 아니니까요.

그럼 회사, 협동조합, 비영리법인의 차이를 알아볼까요? 구체적인 차이점을 살펴보기 전에 먼저 셋의 공통점인 법인(法人)에 대해 알아야 합니다. 갑자기 법률 용어가 나오니 머리가 아프죠? 쉽게 풀어보면 법에서 사람처럼 인격을 부여한 것입니다. 개개인은 시장에서 다양한 계약을 맺으며 사업을 합니다. 음식점과 슈퍼를 운영하고, 홈쇼핑에서 마음에 드는 물건을 주문하고, 회사에 가서 일을 합니다. 이러한 생산자, 소비자, 노동자를 "시장에서의 이해관계자"라고 부릅니다. 하지만 여러 사람이 모여서 계약을 하면 어떨까요? 사업을 하기 위해서는 다양한 계약을 해야 하는데 그때마다 단체에 소속된 사람들이 모두 모여 계약을 하게 되면 일이 진행되기 어렵겠죠. 따라서 어느 정도 규모를 갖추면서 지속적으로 사업을 하기 위해서는 새로운 틀이 필요합니다. 이를 위해 일정한 단체 등에 사람처럼 권리와 의무를 부여하는 것이죠. 이러한 법인은 제한된 목적 범위(소송, 소유권, 계약)에서 사람처럼 법률 행위를 할 수 있게 됩니다. 이렇듯 법인은 법률에 의하여 권리능력을 인정받은 사람들의 단체 또는 특정한 목적에 바쳐진 재산(재단법인)입니다.

그럼 여기서 궁금증이 하나 더 들 수 있습니다. 협동조합과 함께 많이 듣게 되는 사회적기업, 마을기업, 자활기업도 법인의 유형인가라는 것이죠. 결론부터 말하자면 그렇지 않습니다. 법인의 유형이 아닙니다. 법인을 먼저 설립해야 하고 그 이후에 정부의 소관 부처에서 요구하는 사회적 가치를 입증했을 때 '사회적기업, 마을기업, 자활기업'으로 인증을 받고 정부 지원을 받게 됩니다. 여성기업, 장애인기업과 같은 종류라고 생각하면 됩니다. 그렇기에 사회적기업, 마을기업, 자활기업으로서 인증을 받기 이전에 먼저 회사, 협동조합, 비영리법인 중에 선택을 해서 법인을 설립해야 합니다.

알쏭달쏭하죠? 그럼 질문을 한번 드려볼게요. 주식회사를 설립해서 사회적기업으로 인증을 받을 수 있을까요? 협동조합을 설립해서 사회적기업으로 인증을 받을 수 있나요? 네, 모두 가능합니다. 또 중복되게 인증을 받기도 해서 협동조합으로 설립한 뒤 자활기업이면서 사회적기업으로 인증받은 경우도 있습니다. 이런 구분에 대해 처음 듣는 사람은 혼란스러울 수 있습니다. 협동조합, 사회적기업, 마을기업, 자활기업의 공통점과 차이점에 대해서는 Step 4에서 다시 설명드릴 테니, 우선은 현재 우리나라 법상으로 법인으로서 선택할 수 있는 종류가 회사, 협동조합, 비영리법인 이렇게 세 가지가 있다는 점을 기억해주세요.

회사, 협동조합,
비영리법인의 차이점

그럼 이번에는 회사, 협동조합, 비영리법인, 이 세 가지 법인 유형의 차이점을 알아볼까요? 먼저 회사는 상법에 규정되어 있습니다. 상법은 기업의 경영과 상거래에 대해서 규정한 법률입니다. 삼성, LG, 현대 등 대부분의 기업이 상법상 회사이기에 '기업=회사'로만 생각하기 쉽습니다. 하지만 협동조합 기업도 있으니 '기업=회사'는 틀린 말이죠. 회사도 주식회사, 유한회사, 유한책임회사, 합명회사, 합자회사 등 종류가 다양합니다. 이를 묶는 가장 큰 특성은 이윤을 추구한다는 점입니다. 그래서 영리법인이라고 하죠.

반면 비영리법인은 그 말에도 나와 있듯이 영리를 추구하지 않고 공익을 추구합니다. 개인들 사이의 법률관계에서 발생하는 권리와 의무를 규율하는 민법에 규정되어 있습니다. 비영리법인은 다시 사람을 중심으로 한 사단법인, 재산을 중심으로 한 재단법인으로 나뉩니다. 예를 들어 언론에 대한 시민 감시를 위해 '사단법인 언론감시'를 만들거나, 학비 마련이 어려운 학생들을 위해 기부자가 재산을 내놓아 '재단법인 장학회'를 만들 수 있습니다.

그럼 협동조합은 어떨까요? 협동조합은 상법상 회사와 민법상 비영리법인의 성격이 혼합되어 있으며 협동조합기본법과 협동조합개별법에 규정되어 있습니다. 협동조합 중에는 영리법인으로 분류되는 일반협동조합과 비영리법인으로 분류되는 사회적협동조합이 있습니다. 기업으로서 회사 성격이 있으며, 조합원들이 공동으로 소유하고 운영하기에 비영리법인처럼 사람들 사이의 결합, 즉 인적 결합이라는 특징이 있습니다. 그래서 협동조합법은 상법과 민법의 성격이 혼합된 하이브리드 법이라고도 얘기합니다. 회사가 이윤추구, 비영리법인이 공익추구라면 협동조합은 이윤추구와 공익추구 둘 다를 한다고 볼 수 있습니다.

Step 3에서 좀 더 자세히 얘기하겠지만 협동조합은 경제적 이익을 달성하면서도 구성원들의 집단적 이익을 동시에 달성하는 독특한 형태의 법인입니다. 따라서 협동조합은 돈에 전혀 관심 없는 이들이 숭고한 정신으로 한다고 얘기하는 것은 한 면만 보는 것입니다. 이는 오히려 사단법인, 재단법인에 가까울 것입니다. 협동조합은 '기업'입니다. 봉사와 희생만으로는 지속가능한 사업을 할 수 없습니다. 거꾸로 이 사업을 통해서 내가 얼마나 많은 돈을 벌어들일 것인가에만 초점을 두는 사람에게는 협동조합은 잘 맞지 않는 옷이기도 합니다. 그런 점에서 협동조합은 소수의 이익만이 아닌 '공통의 필요 충족'을 추구한다고 합니다. 앞의 Step 1에서 얘기했던 국제협동조합연맹의 정의 중 "공통의 경제적·사회적·문화적 필요와 욕구를 충족시키고자 하는 사람들"이라는 문구 기억나시죠? 협동조합을 통해서 사람들은 경제적 필요와 욕구, 사회적 필요와 욕구, 문화적 필요와 욕구를 충족해갑니다. 회사에서 중요시하는 경제적 이익을 무시하는 건 절대 아닙니다. 다만 동시에 '공통의'란 말도 주목해야 합니다. 나만이 아닌 나와 동일한 필요와 욕구를 가진 사람들과 같이하기 때문에 집단적 이익, 사회적 이익으로서 자연스레 공익추구로 이어질 수 있습니다.

5가구만 사는 섬에서
인터넷을 설치하는 방법

　　회사, 협동조합, 비영리법인의 차이를 5가구만 사는 섬에서 인터넷을 설치하는 방법으로 설명해볼게요.

　　이 섬에는 딱 5가구만 삽니다. 그런데 이 섬에는 인터넷이 설치되어 있지 않습니다. 불편함을 느낀 한 가구가 인터넷을 설치하는 방법을 궁리해봅니다. 먼저 인터넷망을 설치하는 회사에 인터넷 설치를 요청해봅니다. 회사의 의사결정 방식은 명확합니다. 바로 이윤추구이죠. 5가구가 모두 인터넷을 이용한다고 했을 때 얻을 수 있는 요금 대비 이 섬에 인터넷을 설치하는 데 드는 초기 비용, 관리 비용 등을 따져봐서 남는 장사면 하는 거죠. 5가구가 다 이용한다는 보장도 없고 또 그렇다 하더라도 수익이 나기 쉽지 않겠죠? 다만 이윤을 추구하는 기업도 '기업의 사회적 책임(CSR)'처럼 사회적 공헌을 추구하기도 하니 예외가 있겠지만 일반적으로는 인터넷 설치가 어려울 것입니다.

　　다음으로 비영리법인 방식을 살펴볼게요. '정보화소외 이웃돕기' 시민사회단체가 있다고 해봅시다. 역시나 불편함을 느낀 한 가구가 이곳에 인터넷 설치를 요청합니다. 회사보다는 의사결정이 쉽지 않습니다. 먼저 이 시민사회단체가 추구하는 공익이 무엇인지를 살펴보겠죠. 이 단체는 회원들이 매월 만 원 이상 내는 회비를 바탕으로 빈부격차, 도서산간 등 지역적 특성으로 인해 정보화에 소외된 이웃을 돕고 있었습니다. 도서산간 지역의 주민이니 우리 단체가 도와야겠다고 생각하는 순간 사무국장이 이 5가구의 연평균 소득이 1억 원이라는 사실을 발견했습니다. 사무국장 급여가 연봉 3,500만 원이고 인건비를 제외하고 이 시민사회단체가 정보화소외 이웃돕기를 위해 사용하는 돈이 1억 원인데 말이죠. 아무래도 거절될 가능성이 크겠죠? 사무국장은 이번 기회에 단체가 지원해야 할 정보화소외 이웃에 대한 좀 더 명확한 기준이 있어야겠다고 생각합니다.

마지막으로 협동조합 방식은 어떨까요? 불편함을 느낀 1가구는 이 섬에 인터넷을 설치하는 게 돈이 되지 않고 공익적 가치가 있지 않더라도 할 수 있는 방법을 생각해냅니다. 나 말고도 불편한 사람이 있다면 우리끼리 적절한 돈을 모아서 설치를 하고 관리비도 부담을 하자는 거죠. 그렇기에 질문이 달라집니다. 우리에게 정말로 필요한 걸까? 즉, 우리가 십시일반 자금을 모으고 노력을 모아 인터넷을 설치할 필요가 있을까? 불편함을 느낀 1가구는 다른 4가구에 평소에 인터넷 설치가 안

되어 불편하지 않았냐고, 힘을 모아 함께 인터넷을 설치하면 어떻겠느냐고 설득해봅니다. 그런데 1가구는 이 섬의 주택을 별장으로 쓰고 있었습니다. 1년에 10일 정도 머무르는 별장에 많은 돈을 들여 인터넷을 설치할 필요를 느끼지 않았습니다. 10일 정도는 인터넷이 없어도 크게 불편하지 않은 거죠. 또 다른 가구는 늘 인터넷에 접속해 사는 삶이 싫어서 인터넷이 안 되는 이 섬을 찾아온 사람들이었습니다.

어떠세요? 회사, 협동조합, 비영리법인의 차이가 좀 와 닿나요? 여러분이 두 차례 만나면서 정리한 공통의 필요가 정말로 협동조합의 필요에 가까운 것인가 한 번 더 생각해볼 수 있었으면 해요. 오히려 협동조합보다 회사 방식이 효과적인 경우도 많으니까요. 당연하게도 협동조합이 선이고 회사는 악은 아니니까요. 생각해보세요. 앞서 잠깐 나온 것처럼 주식회사를 하더라도 사회적기업, 마을기업, 자활기업과 같은 사회적 가치가 높은 기업을 만들 수 있습니다. 더불어 사업 영역에 따라 협동조합이 장점을 갖는 경우도 있고 반대로 회사가 장점을 갖는 경우가 있고요.

나는 이런 이유에서
회사, 협동조합, 비영리법인 중에서
하나를 선택합니다

이제 Step 2 과정을 마무리할 시간입니다. 회사, 협동조합, 비영리법인이라는 세 가지 법인 유형 중에서 선택을 할 시간입니다. 각자가 다시 생각해보니 회사가 더 맞다고 생각될 수도 있고 비영리법인이 맞다고 생각될 수도 있습니다. 협동조합 설립을 위해 만나기 시작했지만 무조건 협동조합으로 계속 가야 된다고 생각할 필요는 없습니다. 또 마음속에 망설여지는 부분이 있다면 함께 얘기를 하면서 다시 논의해야 합니다. 그렇기에 다음 형식으로 얘기를 나눠봤으면 합니다.

회사는 이윤추구, 비영리법인은 공익추구, 협동조합은 공통의 필요 충족이 목적이라는 것을 알았습니다.

우리가 앞서 정리한 공통의 필요는 _____ 이었습니다.

다시 한 번 회사, 협동조합, 비영리법인이라는 세 가지 법인의 목적을 되새겨봅니다.

내가 생각하기에 법인 유형 중에서 _____ 을(를) 선택하는 게 맞다고 봅니다.

왜냐하면 _____ 이기 때문입니다.

모인 분들의 생각을 다 들었나요? 그럼 이제 두 번의 만남을 통해 모은 여러분의 의견을 바탕으로 협동조합 이름을 정해봅시다. 그리고 이렇게 외쳐봐요.

"우리들은 ○○협동조합의 발기인으로서 첫 걸음을 내딛었습니다."

발기인은 협동조합 설립을 준비하는 사람들로, Step 3부터는 우리 협동조합의 구체적인 사업을 논의해가겠습니다.

자율과 독립 Autonomy and Independence

협동조합은 조합원들에 의해 관리되는 자율적인 자조 조직이다. 협동조합이 정부 등 다른 조직과 약정을 맺거나 외부에서 자본을 조달하고자 할 때는 조합원에 의한 민주적 관리가 보장되고 협동조합의 자율성이 유지되어야 한다.

Step 2와 연결해서 함께 얘기할 협동조합 원칙은 다섯 번째 원칙인 '자율과 독립'입니다. 협동조합은 회사, 비영리법인과는 다르게 우리의 필요를 그 누군가가 해결해주는 것이 아니라 스스로가 해결해야 합니다. 시장에서 이윤의 논리로는 다 해결되지 않는 부분, 정부나 공공의 영역에서 미처 다 채워주지 못하는 영역에서 여러분들의 목마름이 있었습니다. 즉 그동안 비어 있던 영역, 그래서 이를 필요로 하는 이들이 협동의 힘으로 스스로 해결하고자 하는 욕구와 의지가 강한 영역에서 협동조합은 시작됩니다.

하지만 마냥 "목마른 자가 우물을 파라."라는 말에 따라 실천을 하기에는 그 우물이 너무 깊어 보입니다. 그래서 함께 삽질을 할 수 있는 사람들을 모은 것입니다. 물론 이번에 얘기를 나누면서 나 혼자 삽질하는 게 훨씬 빠르고 나의 성향과 맞겠다 생각한 사람도 생겼을 테고, 이 삽질은 우리끼리만 해서는 할 수 없으며 정부 등에 요구해야 한다고 생각한 사람도 생겼을 것입니다. 협동조합만이 정답은 아니기에 이런 의견들을 무조건 배척하기보다는 충분히 시간을 들여 처음부터 다시 생각해보길 권해드립니다. 첫 단추를 잘못 꿰어 결국 끝에 가서야 되돌아오는 경우를 많이 봤거든요.

그럼에도 여전히 우리는 협동조합을 통해 우리들의 목마름, 즉 공통의 필요를 충족해야겠다고 생각했다면 여러분은 비로소 자율성과 독립에 한 걸음 다가선 것입니다. 누군가 대신 해주지 않기에 모든 결정 역시 여러분 스스로 해나가게 될 것입니다. 또한 그렇기에 정부나 관공서, 기업의 하부조직이 아니라 독립된 여러분만의 조직입니다. 이 자율성과 독립 때문에 책임감이 커지기도 하지만 동시에 이는 협동조합의 매력이기도 합니다.

| 협동조합기본법 관련 조항 |

제10조(국가 및 공공단체의 협력 등)

① 국가 및 공공단체는 협동조합등 및 사회적협동조합등의 자율성을 침해하여서는 아니 된다.

② 국가 및 공공단체는 협동조합등 및 사회적협동조합등의 사업에 대하여 적극적으로 협조하여야 하고, 그 사업에 필요한 자금 등을 지원할 수 있다.

③ 국가 및 공공단체는 협동조합등 및 사회적협동조합등의 의견을 듣고 그 의견이 반영되도록 노력하여야 한다.

'필요'와 관련한 정관

각 장을 마치며 관련한 정관과 설립 시 서류작성 항목을 알려드립니다. 해당 장을 복습하는 의미도 있고 협동조합 설립에 있어 서류를 함께 채워가는 의미도 있으니 건너뛰지 말고 꼭 살펴보세요.

Step 6에서 더 설명하겠지만 정관은 협동조합의 조직형태, 운영방법 및 사업 활동 등에 관한 기본적인 사항을 규정한 최고의 자치법규입니다. 협동조합 헌법이라고 할 수 있겠죠. 물론 자치적으로 정하더라도 협동조합기본법에서 정한 내용을 벗어날 수는 없습니다.

이런 법의 규정을 반영하여 기획재정부에서는 표준정관을 제시하고 있습니다. 법상 규정된 내용으로 인해 모든 협동조합에 공통된 부분들이 있기도 하고, 협동조합을 준비하는 분들이 아무것도 없는 상태에서 정관을 작성하기가 어렵기 때문입니다. 아래 표준정관에서 조문에 따라 '(法)'으로 표시된 경우는 협동조합기본법에도 규정되어 있어 개별조합에서 다르게 규정할 수 없는 경우입니다.

표준정관은 협동조합포털(coop.go.kr) 자료실에 올라온 2021년 2월 8일 〈협동조합 정관 작성방법 및 작성예시〉 자료를 토대로 했습니다. 협동조합기본법이 개정될 경우 표준정관의 내용도 바뀔 수 있기에 협동조합 설립 신고·인가 전에 중간지원조직에 꼭 연락을 해서 확인해보시기 바랍니다. 아울러 아래 내용은 일반협동조합을 기준으로 한 것으로 사회적협동조합, 협동조합연합회의 경우 다른 부분이 있기에 이도 참고해주시기 바랍니다.

표준정관은 가급적 모든 조문을 조합원들이 함께 돌아가면서 낭독하시길 추천 드립니다. 그동안 공부한 부분에 대한 복습도 되고요. 읽으면서 이해가 잘 되지 않으면 자료를 찾아보고 다른 의견이 있는 경우 함께 얘기도 나눠보세요. 부록에 표준정관 전문이 실려 있고 각 장별로는 주요 조문을 실었습니다.

또 여러분이 구조적으로 정관을 쉽게 이해할 수 있도록 필요(1, 2장), 사업(3, 6, 7장), 모임(4, 5장)에 맞춰서 장을 배치해서 4, 5장은 뒤에 있습니다. 실제로 정관을 작성할 때는 장별 순서에 따라 하셔야 합니다. 또 1장의 조문들은 기타사항에 해당하는 경우가 많지만 큰 틀에서 '필요'로 묶었습니다.

장	조
제1장 총칙	제1조(설립과 명칭)
	제2조(목적)
	제3조(조합의 책무)
	제4조(사무소의 소재지)
	제5조(사업구역)
	제6조(공고방법)
	제7조(통지 및 최고방법)
	제8조(공직선거 관여 금지)
	제9조(규약 또는 규정)
제2장 조합원	**제10조(조합원의 자격)**
	제11조(조합원의 가입)
	제12조(조합원의 고지의무)
	제13조(조합원의 책임)
	제14조(탈퇴)
	제15조(제명)
	제16조(탈퇴·제명조합원의 지분환급청구권)
	제17조(탈퇴·제명조합원의 손실액 부담)

제1장 총칙

제2조(목적) ○○협동조합(이하 '조합'이라 한다)은 자주적·자립적·자치적인 조합

활동을 통하여 _____ 을 목적으로 한다.

제3조(조합의 책무) ① 조합은 조합원 등의 권익 증진을 위하여 교육·훈련 및

정보 제공 등의 활동을 적극적으로 수행한다.(法)

제2장 조합원

제10조(조합원의 자격) 조합의 설립목적에 동의하고 조합원으로서의 의무를 다

하고자 하는 자는 조합원이 될 수 있다.(法)

제13조(조합원의 책임) 조합원의 책임은 납입한 출자액을 한도로 한다.(法)

제14조(탈퇴) ① 조합원은 조합에 탈퇴의사를 알리고 조합을 탈퇴할 수 있

다.(法)

제15조(제명) ① 조합은 조합원이 다음 각 호의 어느 하나에 해당하면 총회의

의결을 얻어 제명할 수 있다.

1. 출자금 및 경비의 납입 등 조합에 대한 의무를 이행하지 아니한 경우

(法)

2. ○년 이상 계속해서 조합의 사업을 이용하지 아니한 경우

3. 조합의 사업과 관련된 법령·행정처분·정관 및 총회의결사항, 규약규

정을 위반한 경우

4. 고의 또는 중대한 과실로 조합의 사업을 방해하거나 신용을 상실하

게 하는 행위를 한 경우

협동조합 관련 서류는 서울시협동조합지원센터(https://www.15445077. net/)의 '협동정보>협동조합서류'에 잘 정리되어 있습니다. 또한 기재부 협동조합 포털(https://www.coop.go.kr/)의 '교육'에 협동조합 설립안내 동영상도 있습니다. 설립상담과 관련해서는 기재부에서 위탁한 각 지역별 협동조합 상담 지원기관으로 문의할 수 있는데 대표번호인 1800-2012로 전화하시면 됩니다.

Step 3에서 더 설명하겠지만 협동조합은 크게 일반협동조합과 사회적 협동조합으로 나뉩니다. 일반협동조합은 주사무소 소재지를 관할하는 시·도지사에게 신고 신청을 하고, 사회적협동조합은 주사업 소관 정부부처에 인가 신청을 합니다.

구체적인 설립신고(인가) 절차는 다음과 같습니다.

① 발기인 모집 : 5인 이상

② 정관 작성 : 발기인이 작성

③ 설립동의자 모집 : 발기인에게 설립동의서 제출(모집하지 않을 수 있음)

④ 창립총회 공고 : 창립총회 개최 7일전까지

⑤ 창립총회 : 발기인 및 설립동의자 과반수 출석 및 출석자 2/3 찬성으로 의결(총회의사록 작성)

⑥ 설립신고(인가) 신청 : 일반협동조합은 주사무소 소재지를 관할하는 시·도

지사에게 신고 신청, 사회적협동조합은 주사업 소관 정부부처에 인가 신청

⑦ 사무 인수인계 : 발기인 → 이사장

⑧ 출자금 납입 : 조합원 → 이사장

⑨ 설립등기 : 주사무소 소재지 관할 등기소

⑩ 사업자등록 : 주사무소 소재지 관할 세무서

설립신고(인가) 시 제출해야 할 서류는 다음과 같습니다.

① 설립신고(인가) 신청서

② 정관 사본

③ 창립총회 개최 공고문

④ 창립총회 의사록 사본

⑤ 임원 명부

⑥ 사업계획서(사회적협동조합은 주 사업의 내용이 설립인가 기준을 충족한다는 것을 증명하는 세부사업계획서를 추가 제출)

⑦ 수입·지출 예산서

⑧ 출자 1좌당 금액과 출자좌수를 적은 서류

⑨ 발기인 및 설립동의자 명부

1장을 통해서는 발기인 및 설립동의자 명부를 작성할 수 있게 되었습니다. 또한 제출해야 할 행정 서류는 아니지만 설립동의서, 조합원 가입 신청서도 작성할 수 있을 거예요. 이중 조합원 가입 신청서 샘플을 보도록 하겠습니다.

조합원 가입 신청서

1. 인적사항

신청인	이름		주민등록번호	
	주소			
	e_mail			
	집전화		휴대전화	
	직장명		직장전화	

2. 가입 동의 내용

- 상기 본인은 ○○협동조합 ○○○○ 설립취지와 정관에 동의합니다.
- 상기 본인은 ○○협동조합 ○○○○ 출자금에 관한 설명을 들었으며, 납부에 동의합니다.
- 상기 본인은 조합원으로서 조합원 교육에 반드시 참여하며, 조합원으로서의 역할을 충실히 이행하는 데 동의합니다.

3. 가입 내용

( )구좌 (원)	조합원 유형	

20   년   월   일

성명 :   (날인)

○○ 협동조합 귀중

2장

협동조합의 수단은
사업

사업에서 협동조합이 장점을 발휘하려면 어떻게 해야 하나요?

두 차례 만나면서

공통의 필요를 정리해보고

협동조합이 우리에게 맞는 옷이란 생각을 하게 되었습니다.

타인의 도움에 기대지 않고

우리끼리 문제를 해결한다는 장점에 매료되었습니다.

그런데 본격적으로 사업을 하려고 하니 다시 고민이 됩니다.

우리가 하려는 사업에서 협동조합은 어떤 강점을 발휘할 수 있을까요?

협동조합 방식으로 사업을 했을 때 장단점은 무엇일까요?

협동조합은 사업적 성공으로
존재를 증명해야 합니다

어떤 분은 협동조합 얘기를 하면서 시장이나 사업에 대한 이야기를 꺼내어 얘기하는 걸 불편해하는 경우도 있습니다. 하지만 사람들이 단순히 뜻이 좋다는 것만으로, 협동조합에서 만들었다는 이유 하나만으로 구매하지는 않습니다. 물론 처음에는 우호적인 소비가 일어날 수 있습니다. 그렇지만 지속가능하기 위해서는 협동조합에서 만든 상품과 서비스 역시 시장에서 통할 수 있을 정도로 품질이 입증되고 고객들에게 충분히 매력적이어야 합니다. 이와 관련해서 다음 내용을 함께 보도록 하겠습니다.

> 협동의 관계가 아무리 아름답다고 해도 조합원에게 효용이 없거나 낮은 물품은 외면 받게 될 것이고, 그 평가 기준은 자본기업의 상품과 비교를 통해 결정된다. 협동의 성과물로서 상품의 효용성이 입증되어야만 조합원은 협동의 가치를 인식하고 관계가 변화된다. 조합원이 협동의 가치를 인식하고 실천함으로써 상품이 만들어지는 경우는 거의 없다. 즉 상품이 세상을 변화시키고 관계를 변화시키고 있는 것이다.
> − 《협동조합 다시 생각하기》(신성식, 2014, 알마), 233쪽

생협은 조합원들이 필요로 하는 상품을 함께 구매하는 협동조합입니다. 우리나라에서는 주로 친환경 농산물을 공동으로 구매해서 도시의 소비자와 농촌의 생산자 간의 상호이익을 만들어나갔습니다. 2000년대 들어서는 농산물만이 아니라 다양한 가공품을 취급해왔고 건강에 대한 관심으로 더욱 성장했습니다.

그런데 생협에서도 조합원에게 선택받는 제품이 있고 그렇지 못한 제품들이 있습니다. 친환경, 농촌을 위하는 마음으로 구입하는 조합원도 있지만, 인용된 글에서처럼 협동조합이 아닌 일반기업의 상품과 가격, 질 등을 비교해서 합리적으로 선택하는 조합원이 더 많습니다. 또 가치만으로는 지속적으로 많은 사람들의 소비를 이끌어내기 어렵습니다.

이는 비단 소비자 협동조합만의 일은 아닙니다. 노동자들이 생산시설을 공동으로 소유하고 민주적으로 운영하는 노동자 협동조합 역시 시장에서 생존해야 협동조합으로서 가치도 유지할 수 있습니다. 기업으로서 경쟁력이 떨어져 매출 하락으로 임금을 적게 줄 수밖에 없거나 더 나아가 도산한다면 협동조합은 더더욱 외면받을 것입니다. 사업자 협동조합 역시 공동 영업, 공동 설비 운영의 이점이 보이지 않는다면 오래 갈 수 없습니다.

사실 2012년 12월 협동조합기본법이 시행되면서 설립동의자 최소 인원을 5명으로 하고, 최소 출자금 총액 제한도 없는 가운데 신고제로 하면서 우리 협동조합의 생산능력, 시장에서의 지속가능성에 대한 고민보다는 설립부터 앞섰던 게 사실입니다. 정부나 지자체 등에서도 생소한 협동조합을 좀 더 쉽게 알리기 위해서 "협동조합 참 좋다.", "참 쉽다."라는 식으로 얘기를 많이 했고요. 이렇다 보니 설립을 하면 무언가 지원을 받을 수 있을 것 같고, 협동조합을 설립하면 바로 성공할 것 같은 분위기가 있었습니다. 하지만 머리말에서도 밝혔듯이 협동조합을 설립했다고 해서 자연스럽게 사업이 잘되지는 않습니다. 협동조합은 사업을 담는 하나의 그릇입니다. 엉뚱한 사업을 담거나 그릇을 제대로 활용하지 못하면 협동조합 역시 시장에서 살아남을 수 없습니다.

많은 협동조합이 법인 설립 후에 우리가 정작 시장에서 경쟁력 있는 상품과 서비스를 만들 여력이 안 되는구나 하고 깨닫는 경우가 많이 생깁니다. 우리가 정말 절실히 필요하다고 생각하는 상품과 서비스였는데 구매 고객이 조합원으로만 한정되거나 심지어 조합원마저도 다른 기업의 것을 구매하게 되면 사업을 운영할 규모에 미치지 못하게 되는 거죠. 이는 설립에만 치중한 나머지 정작 사업화 방안 및 마케팅에 대한 고민이 부족했기 때문입니다. 사업화와 마케팅에 대한 고민이 충분히 이뤄진 뒤에 법인을 설립해야 하는데 그 반대였던 거죠. 생각해보세요. 열심히 토익시험 접수를 하고 수험표를 뽑고 시험 장소를 알아봤는데 정작 영어공부는 하지 않았다면 무슨 의미가 있을까요?

　물론 머리말에서도 얘기했듯이 협동조합 법인 설립도 쉽지는 않습니다. 신고(인가) 신청서류 작성부터 해서 총회준비 그리고 등기를 위한 총회의사록 공증까지 낯선 서류작업과 행정작업들이 있습니다. 하지만 이런 일들이 초등학교 산수문제 푸는 과정이었다면, 시장에서 협동조합 상품을 판매하는 것은 고등학교 미적분에 해당하는 과정이라고 볼 수 있겠죠. 따라서 법인 설립에만 초점을 두다 보면 정작 나중에 우리가 주되게 해야 할, 상품을 시장의 요구사항에 맞게 다듬거나 보완하는 부분을 등한시하게 됩니다.

　협동조합기본법 시행 이전에는 어떠했을까요? 그때도 농협, 수협, 신협, 생협과 같은 각 영역별 개별협동조합법들이 있었습니다. 하지만 이 법들을 통해 협동조합을 만들기는 결코 쉽지 않았죠. 법으로 협동조합의 자유로운 설립을 제한한 부작용도 있었지만 한편으로는 부실한 협동조합을 줄이는 역할도 있었습니다. 예를 들어 소비자생활협동조합법에서는 30인 이상의 발기인과 300명 이상의 설립동의자 그리고 출자금 납입 총액이 3천만 원 이상일 것을 요구합니다. 무엇보다 신고가 아닌 인가사항이라는 점도 큰 차이입니다. 신고는 전입신고처럼 일정한 형식적인 요건만 충족하면 수리가 되는 데 반해 인가는 실질적인 요건을 갖추고 있는지를 심사하기 때문입니다. 따라서 준비하는 과정에서 사람과 출자금이 충분히 모일 수 있을 만큼 사업적인 단단함이 없으면 설립 자체를 할 수 없었습니다. 그런데 설립이 좀 더 쉬워지고 신고만으로 가능해지다 보니 현재 사업능력을 갖추지 못한 협동조합들이 많아지면서 다시금 협동조합 설립과정을 강화해야 하나란 얘기도 나오고 있습니다.

하지만 국가의 통제보다는 업종별·지역별 협동조합연합회가 활성화되어서 자체적으로 회원 협동조합들의 설립을 심사하고 지원하는 방식이어야 협동조합의 자율과 독립의 원칙을 지킬 수 있습니다. 실제 유럽에서도 이러한 방식을 채택하는 나라가 많습니다. 우리나라에서도 업종별로 공동육아사회적협동조합연합회, 전국학교사회적협동조합연합회, 한국의료복지사회적협동조합연합회, 전국시민발전협동조합연합회 등이 있습니다. 지역별로는 서울, 부산, 대구, 광주, 인천, 경기, 경남, 전북, 충북, 제주 등에 지역별 협동조합연합회가 있습니다. 업종, 지역을 아우르는 일하는사람들의협동조합연합회, 청년협동조합연합회도 있습니다. 그리고 2019년 4월 이러한 협동조합연합회를 포괄하는 전국협동조합협의회 창립총회를 했습니다. 이러한 연합회들이 유럽처럼 협동조합의 내실 있는 설립과 운영을 도와주고 협동조합으로서 정체성을 지켜나갈 수 있도록 모니터링하려 노력 중입니다.

협동조합 사업은 기존 경제의
불완전성을 극복하는 것에서 시작합니다

'들어가며'에서 우리나라 협동조합의 실태를 보여주는 통
계에 대해 말씀드렸습니다. 설립한 협동조합 중 89.6%가 법인
등기를 완료했고, 운영이 되고 있는 협동조합 비율은 54.2%로
보고 있습니다. 그리고 고용보험에 가입한 협동조합은 전체의
32%입니다. 이렇게 보면 설립된 협동조합 10개 중 3개 정도
가 안정적인 운영을 해간다고 볼 수 있습니다. 그렇기에 더욱
철저한 사업 준비가 필요합니다.

그렇지만 협동조합이 회사의 사업방식과 100% 같지는 않
습니다. 둘 사이에 차이가 없다면 굳이 이 책을 볼 필요도 없겠
죠. 협동조합은 기존의 회사와 다른 독특한 사업방식으로 운영
됩니다. 우리가 알고 있는 기존의 경제, 경영 이론에서는 집단
보다는 각 개인들이 좀 더 중요하게 등장하는 대신, 협동조합
에서는 개인 못지않게 집단을 중요하게 생각합니다. 또한 이런
부분을 잘 살펴야 협동조합으로서 성공할 수 있습니다. 이 부
분이 사업적으로 매력적이지 않다면 다시 Step2로 돌아가서

우리가 과연 법인으로서 협동조합을 선택하는 게 맞을지 다시 한 번 고민해야 합니다.

결론부터 얘기하자면 협동조합은 공동체 방식의 사업입니다. 즉 공동체와 경제가 연결되어 있습니다. 이러한 방식의 경제를 공동체 경제, 사회적경제라고 합니다. '사회적경제'라고 하면 사회주의 아니야, 라고 생각하며 깜짝 놀라는 분들도 있을 것입니다. 사실 '사회'와 '경제' 모두 우리에게 익숙한 말인데 이 둘을 조합했더니 너무 낯설게만 느껴지는 거죠. '삼겹살'에 '소주'는 익숙한 조합인데, '삼겹살'에 '위스키'는 어떨까요? 어떤 맛일지 상상이 잘 안 될 수도 있겠습니다.

그렇지만 기존 경제에 대한 정의에서도 이러한 사회 및 공동체 속성이 드러나 있었습니다. 경제(經濟)라는 말은 '경세제민(經世濟民)'에서 나온 것인데, "세상을 다스리고 백성을 구제한다."는 의미이니까요.

서양 역시 비슷합니다. 경제학을 뜻하는 Economics는 그리스어로 집(Oikos)과 관리(Nomos)가 합쳐진 오이코노미아(Oikonomia)에서 비롯되었습니다. 즉 가족 살림살이 관리라 할 수 있겠죠. 오늘날 2~3인 핵가족을 생각하면 작은 소비주체로 생각할 수 있습니다. 하지만 과거에는 3~4대에 걸친 가족과 노예까지 포함한 대가족으로 이루어진 농경사회였습니다. 우리나라도 그러했고요. 따라서 농산물이 생산되고 소비되는 자급자족 살림살이 공동체였습니다.

결국 경제란 단어에는 동양의 세상부터 서양의 가족까지 크고 작은 살림살이 공동체 의미가 담겨 있습니다. 오히려 현대에 와서 경제의 사회적 맥락이 줄어들고 개별화된 경제주체의 의미가 주되게 된 것이죠.

사회적경제는 경제의 이러한 사회적 속성을 좀 더 강화시킨 경제입니다. 사회적경제도 시장에서 상품과 서비스를 거래하고 개인의 소유권도 인정합니다. 국가가 통제하는 방식이 아닌 개인들의 자유로운 경제 활동을 존중합니다. 다만 개인만이 아닌 사회에도 이로운 방향으로 경제 활동이 이뤄질 수 있도록 하는 것이죠.

사회적경제는 전 세계적으로 분포되어 있으며 유럽연합의 경우 전체 고용에 있어 6.5%를 차지합니다. 참고로 우리나라는 2015년 기준으로 1.4%입니다. 정부에서는 사회적경제를 "구성원 간 협력·자조를 바탕으로 재화·용역 생산 및 판매를 통해 사회적 가치를 창출하는 민간의 모든 경제적 활동"이라고 정의하고 있습니다. 하나 더 덧붙이자면 우리나라 헌법에도 경제의 사회적 속성이 포함되어 있습니다. 대한민국 경제의 특성에 대해서는 헌법 제119조에 다음과 같이 규정되어 있습니다.

제119조

① 대한민국의 경제질서는 개인과 기업의 경제상의 자유와 창의를 존중함을
기본으로 한다.

② 국가는 균형 있는 국민경제의 성장 및 안정과 적정한 소득의 분배를 유지하고, 시장의 지배와 경제력의 남용을 방지하며, 경제주체간의 조화를 통한 경제의 민주화를 위하여 경제에 관한 규제와 조정을 할 수 있다.

이렇듯 헌법에도 경제주체들의 자유와 창의를 기본으로 하면서도 균형, 분배, 조화와 같은 공동체 원리가 담겨 있습니다.

그럼에도 우리는 경제라고 했을 때 사회 내지 공동체와 연계해서 생각하기보다는 여러 가지 복잡한 수식이 작동하며 기계처럼 자동적으로 움직이는, 그래서 우리 각각의 의지와는 관련 없는 무언가로 상정하기 쉽죠. 네, 바로 경제학의 아버지로 불리는 애덤 스미스의 "보이지 않는 손"으로 표현되는 시장의 법칙입니다. 하지만 이렇게 추상화된 시장의 법칙이 완벽하게 작동하기 위해서는 다양한 전제조건이 필요합니다. 애덤 스미스[1]마저도 보이지 않는 손이 제대로 기능을 발휘하기 위해서는 평화가 유지되어야 하고, 단순한 세금제도가 구축되어야 하며, 합리적 법집행이 구비되어야 한다고 보았습니다. 사실 이 외에도 여러 조건들이 충족되어야 가능하죠.

이런 여러 조건들이 충족되지 않으면 앞서 얘기한 시장의

---

1 ─ 더욱이 우리의 편견과 달리 애덤 스미스가 시장과 사회성을 바라보는 관점의 뿌리에 관계성에 기초한 인류학이 있었다고 스테파노 자마니는 《21세기 시민경제학의 탄생》(북돋음, 2015)에서 지적하고 있습니다.

기능이 제대로 발현되지 않게 됩니다. 구체적으로 어떤 경우가 그러하냐고요? 예를 들어 정보 비대칭의 경우가 있습니다. 사실 수요와 공급을 통해 합리적인 가격이 산출된다는 전제에는 모두가 동일한 정보를 가지고 있다는 전제가 숨어있습니다.

그렇지만 현실에서는 그렇지 않은 경우들이 많죠. 노벨 경제학상을 수상하기도 한 경제학자 조지 애컬로프(George Akerlof)가 1970년 '레몬시장(The Market for Lemons)' 이론을 통해 밝혀냈습니다. 레몬시장이란 레몬이 먹음직스러운 겉모습 속에 신맛이 담겨 있듯이 겉만 봐서는 알 수 없는 상품들로 가득찬 시장이라는 뜻입니다. 대표적으로 중고차 시장을 들 수 있습니다.

여기 중고차 딜러에게 차를 팔러 온 두 사람이 있습니다. 우량차주 A와 불량차주 B 모두 동일한 종류의 차를 가져와서 좋은 차라고 얘기하며 딜러에게 팔려고 합니다. 딜러는 두 사람에게 모두 5,000~6,000달러 정도면 판매할 수 있을 거라고 얘기합니다. 여러분이 생각하기엔 어떤 차가 팔렸을 것 같나요? 딜러가 우량차주 A가 가져온 차의 품질을 알고 합리적인 가격을 제시한 것일까요? 결과는 그렇지 않았습니다. 우량차주인 A가 예상한 중고차의 가치는 7,000달러였고, 반면 불량차주인 B가 예상한 가치는 4,000달러였습니다. 결국 팔면 손해인 A의 우량차는 시장을 떠나고 B의 차처럼 질이 낮은 불량차들만 시장에 들어오는 것이죠. 즉 이처럼 정보의 왜곡이 존재할 경우 시장에는 열등한 재화만 남게 되어 구매자는 질이 낮은 상품을 구입할 수밖에 없는 상황, 즉 '역선택(adverse selection)'에 직면하게 됩니다.

시장 실패의 사례를 하나 더 들어보겠습니다. 소를 키우는 마을 주민들이 재산을 늘리기 위해 더 많은 소를 사서 키웁니다. 이로 인해 마을 인근의 목초지 면적이 줄어들기 시작합니다. 하지만 주민 각자는 목초지가 자신의 소유도 아니고 목초지를 이용하더라도 돈이 들지 않기에 신경을 쓰지 않습니다. 결국 아무도 돌보지 않던 목초지는 황폐화되었습니다. 마을 주민들은 멀리서 풀을 가져와야 하니 시간과 비용이 들어서 하나둘씩 마을을 떠나게 되었습니다.

이를 '공유의 비극'이라고 합니다. 목초지, 공기, 호수와 같이 공유하며 사용하는 자원이 시장에 맡겨지면 남용하여 고갈될 위험을 부르는 비극이 발생한다는 것입니다. 이와 같은 공유 자원은 시장에서는 가격이 책정되어 있지 않기에 개인들로서는 무료로 마음껏 사용하고 보존하지 않기 때문입니다. 따라서 오늘날 정부에서는 그린벨트를 만들고 공장에 대한 환경 규제를 하며 어획량을 제한하는 등 공유 자원을 보존하려 노력합니다.

하지만 이렇게 정부가 일률적으로 규제할 경우 개별, 지역별 특성이 다 반영되기 어려울 수 있습니다. 이에 대해서 2009년 여성으로는 최초로 노벨경제학상을 수상한 엘리너 오스트롬

(Elinor Ostrom)은 시장과 정부가 아닌 공동체가 '공유의 비극'을 해결할 수 있다고 보았습니다. 그녀는 정교한 조업 규칙으로 어장을 관리하는 터키의 어촌, 방목장을 함께 쓰는 스위스의 목장지대 등 오랜 세월 동안 공유자원을 잘 관리해온 공동체들의 사례를 소개합니다. 공동체 구성원들이 함께 규칙을 만들고 공유 자원을 공동 소유하는 마음으로 공동 운영을 해나간다면 공유의 비극을 넘어설 수 있는 것이죠.

협동조합은 공동 소유, 공동 운영을 통해 시장의 한계를 해결합니다

협동조합과 같은 공동체 경제, 사회적경제는 이러한 시장
의 실패 상황에서 하나의 대안적 해결책을 제시해줍니다. 어
떻게? 공동체 간의 관계와 신뢰, 그리고 공동 주인의식을 통해
이 문제를 풀어갈 수 있는 것이죠.

앞서 언급한 중고차 시장 외에도 정보비대칭이 심한 분야
로 유기농산물을 들 수 있습니다. 파는 사람은 이게 유기농산
물인지 아닌지 명확히 정보를 가지고 있지만, 사는 사람은 알
수가 없습니다. 이런 분야에서 소비자 협동조합을 만들어 유기
농산물 재배 농민과 사전에 계약을 해서 제대로 된 유기농산
물을 골라내고, 유기농산물을 안정적으로 재배하도록 할 수 있
습니다. 우리나라 생협들이 대표적이죠.

독과점으로 인해 생기는 문제도 공동체적 소유방식으로 해
결할 수 있습니다. 중고등학교에서 생겨나는 학교 매점 협동조
합이 그러한 예이죠. 매점이 한 개밖에 없기에 청소년들로서는
다른 선택의 여지 없이 그 매점에서 파는 물건을 살 수밖에 없

습니다. 때로는 이런 점으로 인해 불량식품이 판매되기도 해서 매점 먹거리의 문제점은 종종 뉴스에 나오는 소재입니다. 이렇게 울며 겨자 먹기 방식의 문제를 해결하기 위해 아예 소비자들이 사업체를 소유해서 건강한 먹거리를 소비자에게 적정한 가격으로 제공하자는 취지로 만든 것이 협동조합 매점이에요.

이처럼 공동체적(사회적)경제의 이점을 활용해서 틈새 영역을 개척해가는 것이 협동조합 사업화 고민의 첫 시작일 수 있습니다.

여러분의 사업에 맞는
협동조합 유형을 골라보세요

앞에서도 소비자 협동조합, 노동자 협동조합, 사업자 협동조합을 구분해서 이야기했는데 다시 한 번 정리해보겠습니다. 소비자들이 공동으로 소유하고 운영하는 협동조합을 소비자 협동조합이라고 부릅니다. 이에 대한 설명은 앞서 유기농산물 소비자들이 만든 협동조합, 학교 매점 협동조합으로 예를 들었습니다.

노동자협동조합은 사업체에 노동자로 고용되는 것이 아닌 노동자들이 협동조합을 만들어 스스로를 고용하는 방식입니다. 즉 이들은 경영자이면서 노동자입니다. 공동 노동과 공동 생산을 통해서 우리가 원하는 일터와 생산방식을 만들어낼 수 있기 때문이죠. 출산이나 육아 등으로 경력이 단절되었던 여성들이 하루에 4~5시간 일할 수 있는 마을의 일자리를 마음 맞고 뜻 맞는 사람들끼리 함께 만들어 우리만의 일터를 만들어 냅니다.

마지막으로 사업자협동조합입니다. 프리랜서나 개인사업

자들이 뭉쳐서 공동 사업을 모색하는 경우도 생깁니다. 중간 수수료가 높고 이직이 높은 IT나 문화예술계 프리랜서들이 모여 자신들이 합의한 적정 수수료를 떼고 자신들의 의사가 반영된 사무국을 꾸려갑니다. 개인사업을 하는 자영업자들이 혼자서는 하기 힘든 공동 홍보, 공동 유통, 공동 설비 이용 등을 합니다.

이상의 내용을 표로 다시 정리해보겠습니다.

유형	정의	사례
소비자 협동조합	조합원의 소비생활 향상을 위한 물품 구매 또는 서비스 이용을 목적으로 하는 협동조합	산악인들이 좋은 산악 장비를 싼 가격으로 공동구매하기 위해 만든 협동조합, 지역 부모들과 공동 돌봄, 육아를 하기 위해 만든 협동조합
노동자 협동조합	노동자가 공동으로 기업의 주인이 되어 주인의식을 가지고 기업체를 운영하며 함께 일자리를 만들어가는 협동조합	청소원들이 협동조합을 만들어서 지자체와 직접 계약. 택시기사들이 택시회사를 인수하여 만든 택시협동조합
사업자 협동조합	개별 사업자(프리랜서)들이 수익창출을 위해 공동 판매, 공동 자재구매, 공동 영업을 목적으로 하는 협동조합	제과점이 모여서 협동조합을 만들어 레시피를 공유하고 대량생산 설비를 공동 구비하여 운영. IT기술자들이 협동조합을 만들어서 대기업과 직접 계약

자, 그렇다면 여기서 여러분에게 질문을 던져봅니다. 여러분이 앞서 고민해본 공통의 필요는 공동체 경제로서 어떠한 경제적 이점을 가질 수 있을까요? 처음부터 전체를 생각하면 어렵고 막연하기 때문에 먼저 여러분 각자 개인의 경제적 이

점을 작성해보시기 바랍니다.

내가 구상한 사업 영역은 _____ 입니다.

여러분과 함께 협동조합으로 이 사업을 하고 싶다고 생각한 까닭은

우리가 함께 필요를 느끼고 있다고 보았기 때문이기도 하지만,

우리가 소비자, 노동자, 사업자 중 _____로서 함께했을 때

경제적인 측면에서 _____한 이점이 있기 때문입니다.

기본을 토대로 응용,
다중이해관계자 협동조합과
사회적협동조합

협동조합을 소비자, 노동자, 사업자로서 고민해봤다면 이
제 여기에서 응용을 해볼 수 있습니다. 이들을 두 개 이상 연결
시켜보는 것이죠. 이를 '다중이해관계자 협동조합'이라고 합니
다. 소비자, 노동자, 사업자가 시장에서의 이해관계자라고 한
다면 이들 중 2개 이상이 함께하니 다중이해관계자가 되는 것
이죠.

한 집단만으로도 의사를 결정하기 힘든데, 두 집단 이상이
합쳐진다고요? 이는 자칫 협동조합의 장점을 약화시킬 수 있
습니다. 법경제학자 헨리 한스만(Henry Hansmann)은 협동조합
의 가장 중요한 성공요인으로 '조합원의 동질성'을 얘기하고
있습니다. 공동체 경제로서 협동조합이 힘을 얻기 위해서는 경
제적 이점이 명확해야 하고, 이 명확성은 그 집단 내 구성원의
동질한 경제적 이해관계를 기반으로 하기 때문이죠. 예를 들어
소비자와 사업자가 같이 하는 경우를 예상해볼까요? 일반적으
로 소비자는 되도록 싸게 사고 싶고, 사업자는 최대한 비싸게

팔고 싶지 않겠어요? 이 두 집단이 모여서 같이 의사결정을 한다고 하면 얼마나 분란이 많이 생기겠어요.

그럼에도 이 둘이 함께하는 경우가 있습니다. 농촌에서 꾸러미 농산물 사업을 하는 협동조합의 예를 들어볼게요. 도시에서 귀농을 하기 위해 내려온 이들은 처음에 농업기술이 부족해 어려움을 겪었습니다. 귀농하기 전에 미리 준비했지만 그래도 해당 지역의 토양이나 날씨에 대한 경험적 지식이 많이 부족했고요. 다행히 마을 주민들과 친해져 여러 팁을 전수받게 됩니다.

그런데 이렇게 마을에 정착해 농사를 짓다 보니 기존 농민분들 역시 생산은 열심히 했는데 판매에 어려움을 겪는다는 사실을 알게 됩니다. 그래서 함께 고민하던 중 어느 날은 이 지역에서 생산되는 싱싱한 농산물을 도시 소비자에게 정기적으로 배송하는 직거래 사업을 해보자는 제안을 하게 되죠. 귀농하기 전에 쌓았던 경력을 바탕으로 포장, 배송, 도시 소비자 조직 및 마케팅까지 많은 노하우가 있다면서요.

마침 도시에 사는 아는 사람들 중 신선한 농산물을 좀 더 적정한 가격으로 공급받고 싶어 하는 사람들이 있었고요. 그래서 이들을 모두 모아 협동조합을 만들게 됩니다. 소비자와 생산자가 함께하는 다중이해관계자 모델로요. 지금까지의 내용을 한번 다음 표처럼 정리해볼까요?

구분		소비자	사업자	
			귀농인	원래 주민
필요	기존에 충족되지 않은 필요			
사업	가지고 있던 자원·능력			
	경제적 이점			

아래 정답[2]을 확인하기 전에 최대한 고민해서 적어보세요. 사례를 풀어가면서 여러분 협동조합에 대한 아이디어를 더 생각해낼 수 있으니까요.

물론 이러한 과정이 말처럼 쉽지만은 않습니다. 단순한 경제적 이해관계만으로는 부족하고 이들을 다시 묶어주는 공동의 목적의식이 있어야 하죠. 예를 들어 위 예시의 경우 단순히 서로가 시장에서 거래되던 것에서 비용을 절감한다는 목적만 있었다면 서로 마음과 뜻을 맞추는 과정에서, 그리고 여러 시행착오를 거치며 '배보다 배꼽이 더 크다'란 생각에 돌아섰을 것입니다. 경제적 이해관계도 중요하지만 그와 함께 이들을 묶어주는 틀로서 농촌을 살려야겠다는 공동의 목적이 있어야 조

2-

구분		소비자	사업자	
			귀농인	원래 주민
필요	기존에 충족되지 않은 필요	신선한 농산물 적정 가격 구입	부족한 농업기술 보완	농산물 판매 촉진
사업	가지고 있던 자원·능력	구매력	판매 노하우	농업기술
	경제적 이점	신선한 농산물 적정 가격 구입	농산물 적정 가격에 판매	

금 불편하고 어렵더라도 함께 묶어내며 공통의 필요에 기반한 사업으로서 공동체 경제를 행할 수 있는 것이죠.

그리고 이러한 다중이해관계자 모델을 취하되, 공익성이 더욱 강화된 형태인 사회적협동조합이 있습니다. 협동조합 자체가 앞서 얘기한 대로 공동체, 사회와 관련성이 큰데 한 번 더 '사회적'이란 말을 강조한 것에서 알 수 있듯이 사회적인 목적이 더 강화된 형태입니다. 공익사업 의무가 있어서 전체 사업의 40% 이상을 수행해야 하며 배당도 금지되어 있습니다. 지역 주민들의 권익·복리 증진과 관련된 사업을 수행하거나 취약계층에게 사회서비스 또는 일자리를 제공하는 등 영리를 목적으로 하지 않는 협동조합입니다. 장애인을 위한 일자리를 만드는 사회적협동조합이 이러한 예가 되죠.

그렇다고 사회적협동조합이 경제적 가치를 부정하는 것은 아닙니다. 자원봉사자, 후원자도 있지만 사회적협동조합에 고용되어 일하는 사람들에게 임금을 지불합니다. 다만 사업의 특성상 사회적인 목적이 강화되어 있다는 차이가 있는 것이죠. 그래서 발달장애인과 함께 일하는 사회적협동조합에서는 "우리는 상품을 만들기 위해 사람을 고용하는 게 아니라, 장애인을 고용하기 위해 상품을 만듭니다."라고 얘기합니다. 일반협동조합과 사회적협동조합의 주요 내용을 비교해보면 다음과 같습니다.

구분	(일반)협동조합	사회적협동조합
법인격	영리법인	비영리법인
설립	시도지사 신고	관계부처 인가
공익사업 의무	없음	전체 사업의 40% 이상 수행
배당	가능	금지
청산	정관에 따라 잔여재산 처리	비영리법인, 국고 등 귀속

또한 사회적협동조합의 경우 일반협동조합보다 공익성이 좀 더 강하다고 정부부처로부터 인정되었기에 정부 지원을 받을 때 더 유리한 측면이 있습니다. 사회적기업과 함께 공공조달 우선구매제도의 대상이 되고요. 이 부분은 Step 5에서 자세히 설명드리겠습니다.

공동의 경제적 이점을 계속 생각해나가세요

어떠세요? 협동조합의 사업체적 특징에 좀 더 적응이 되셨나요? 단순히 동아리나 친목모임이라면 마음 맞는 사람들끼리 회비 내고 즐겁게 지내면 되는데, 사업체이다 보니 다시금 공동의 경제적 이해관계를 바탕으로 한 이점을 고려해야 합니다.

이처럼 명확한 경제적 이점이 없는 가운데 사업을 시작한다면 사업체로서 지속가능성을 확보하기가 어려울 수 있습니다. 중소기업청의 소상공인 협업화 사업과 마을기업 설립과 관련해 해당기관의 지원금만을 타기 위해 갑작스레 만들어진 협동조합도 있지만, 이런 협동조합은 오래가지 못합니다. 그래서 우리의 공동체적 결속력을 다지는 것도 중요하지만, 그에 못지않게 공동체 경제로서의 이점을 더 적극적으로 고민해 사업 모델을 만들어내는 것도 중요합니다. 이점이 많지 않다면, 협동조합 방식으로 문제를 풀기보다는 다른 방식을 찾는 것도 방법입니다.

여러분이 협동조합을 준비하면서 각자의 생각을 모으고 정리해보며 협동조합의 상을 구체화하는 과정에서 언제든 다른 길을 택할 수 있습니다. 그게 결코 나쁜 것은 아닙니다. 정보를 탐색하고 생각할 시간이 필요하다면 잠시 멈춰도 좋고요. 헷갈릴 때는 각 지역에서 열리는 협동조합 기초교육을 듣는 것도 좋습니다. 상담, 컨설팅을 받는 것도 좋고요. 이 모든 것은 가능한 한 함께 준비하는 사람들 모두 같이 듣기를 추천합니다. 그래야 함께 한 걸음 나아갈 수 있으니까요.

협동조합 간 협동 Co-operation Among Co-Operatives

협동조합은 지역 및 전국 그리고 인접국가 및 국제적으로 함께 일함으로써 조합원에게 가장 효과적으로 봉사하고 협동조합운동을 강화한다.

오늘 함께 얘기해볼 원칙은 '협동조합 간 협동'입니다. 협동조합은 나의 필요와 욕구에서 시작해 나와 동일한 필요와 욕구를 느끼는 이들을 모으면서 사업으로 이어집니다. 그런 점에서 저는 협동조합을 하는 사람은 이기적인 마음만으로도, 이타적인 마음만으로도 오래가지 못한다고 생각합니다. 나의 필요와 욕구에 충실하다는 점에서 이기적일 수도 있고, 다른 사람과 접점을 찾고 공동체 경제를 만들어간다는 점에서 이타적일 수도 있기 때문입니다. 따라서 이기심과 이타심 모두를 적절하게 가지고 있어야 하죠.

협동조합 간 협동 역시 마찬가지입니다. 다른 협동조합만을 생각하는 이타적인 마음으로 협동하는 것은 아닙니다. 개별 협동조합만으로는 처음에 생존하기 어렵기에 먼저 자리를 잡은 협동조합에 손을 내밀고 비빌 언덕을 찾는 것입니다. 이를 통해 초기의 시행착오를 줄일 수 있습니다. 선발 주자 협동조합으로서도 업종별 협동조합연합회, 지역별 협동조합연합회를 만들면서 비용을 줄이고, 협업의 이점을 발휘하고, 사회적 영향력을 키워갈 수 있습니다. 이렇게 각자의 이해관계에 충실하게 시작했던 마음이 모여 서로를 도와

주는 이타적인 결과를 낳습니다. 더 나아가서는 개별 협동조합만을 보지 않고, 사회적경제의 일원으로서 전체 방향을 잡아가야 진정한 공동체 경제의 이점을 발휘할 수 있습니다.

자연에서도 이러한 원리를 많이 접하게 됩니다. 여러분은 철새가 집단으로 비행할 때 V자 대형을 유지하며 날아가는 이유를 아세요? 선두 새의 날갯짓으로 생긴 기류는 뒤따르는 새에게 추가 양력을 준다고 합니다. 이런 원리로 펠리컨은 혼자 날 때보다 V자 대형을 이뤄서 날 때 심장 박동과 날갯짓 횟수가 11~14% 감소합니다. 비행기 역시 이를 응용해 편대 비행을 하면 연료 소모가 최대 18%까지 줄어듭니다.

개별 협동조합 혼자서는 사회적 가치 창출을 위한 비용을 감당하며 일반기업과 경쟁하기에 힘이 벅찰 수 있습니다. 하지만 함께 모여 철새의 V자 편대처럼 함께 사회적경제 생태계를 이룬다면 그 힘은 배가 될 것입니다. 개별 협동조합은 협동조합 생태계의 일원이 되고, 더 나아가 사회적경제 생태계의 일원이 되어 개별 협동조합의 성장과 함께 이 사회를 좀 더 따뜻하게 만들어갈 수 있습니다.

| 협동조합기본법 관련 조항 |

제8조(다른 협동조합 등과의 협력)

① 협동조합등 및 사회적협동조합등은 다른 협동조합, 다른 법률에 따른 협동조합, 외국의 협동조합 및 관련 국제기구 등과의 상호 협력, 이해 증진 및 공동사업 개발 등을 위하여 노력하여야 한다.

② 협동조합등 및 사회적협동조합등은 제1항의 목적 달성을 위하여 필요한 경우에는 다른 협동조합, 다른 법률에 따른 협동조합 등과 협의회를 구성·운영할 수 있다.

협동조합 사업계획 수립,
어디서부터 시작할까요?

Step 3까지의 과정을 통해 우리 협동조합의 사업 분야를 확정했습니다.
그런데 모인 사람들 중에 사업에 익숙한 사람도 있지만
한 번도 사업을 해보지 않은 사람도 많습니다.
또 협동조합 신고나 인가를 받기 위해 사업계획서도 내야 한다고 하는데
이건 또 어떻게 작성할지 벌써부터 골치가 아픕니다.
사업계획서를 전문적으로 작성해주는 컨설턴트가 있다고 하는데
여기에 맡길까요? 그럼 앞으로도 계속 그 컨설턴트의 말에 따라
사업을 해나가야 하는 건 아닌지….
본격적으로 협동조합 사업을 시작하려고 하니 막막하네요.

작은 협동조합이라 하더라도 사업계획 수립을 위한 분석과 추정이 필요합니다

사업 준비를 잘하기 위해서는 사업계획을 잘 수립해야 합니다. 그러기 위해 해당 업종에 대한 분석, 매출, 원가, 영업이익 등에 대한 추정을 해야 합니다. 크든 작든 사업을 한다는 것은 위험부담을 안고 가는 일입니다. 사실 초기부터 사업이 잘되지는 않습니다. 홍보와 마케팅을 하는 데 시간이 걸리겠죠. 그래서 위험을 관리할 수 있는 예측이 중요합니다. 물론 예측대로 100% 흘러가는 사업은 없겠지만 예측을 하지 않는다면 어디서부터 잘못되었는지, 그래서 어떻게 수정 보완하면 좋을지를 알 수 없기 때문입니다.

또한 예측은 최대한 실질적인 데이터를 수집하고 먼저 창업한 이들의 사례와 시행착오를 검토하며 해나가야 합니다.

그럼 추정은 어떻게 할까요? 이탈리아의 페르미는 원자폭탄의 설계자로, 1945년 최초의 핵실험이었던 트리니티 테스트 당시 기초적인 사실과 합리적인 추론에 기초하여 폭발력의 대략적인 결과를 추정해냈습니다. 그는 먼저 폭발 지점으로부터 16km 떨어진 베이스캠프에서 관찰한 사실을 정리했습니다. 폭발 후 약 40초가 지나 폭풍이 그에게 닿았고, 전후로 작은 종잇조각들을 1.8m 높이에서 떨어뜨리며 변화되는 위치를 관찰한 결과 약 2.5m로 나왔습니다. 이를 통해 폭발위력을 근접하게 도출해냈습니다. 이러한 방식을 그의 이름을 따서 '페르미의 추정'이라고 부릅니다.

페르미가 시카고 대학생들에게 출제한 문제를 통해 연습을 한번 해볼까요? 그는 학생들에게 시카고의 피아노 조율사 수를 추정해보라고 했습니다. 그가 산출한 방식을 따라가 볼까요?

시카고의 인구는 약 300만 명이다.

가구당 구성원은 약 3명이다.

피아노 보유율을 10% 정도라 하면 10만 가구가 피아노를 갖는다.

피아노 조율은 1년에 한 번 한다고 가정하면 연간 필요한 조율 건은 10만 건이다.

조율사가 조율에 걸리는 시간은 이동시간을 포함해 2시간 정도로 하루에 4대를 조율할 수 있다.

조율사가 1주일에 5일, 1년에 50주간 일한다면 1년에 1,000대를 조율할 수 있다.

조율사 한 명이 연간 1,000대를 조율할 수 있고 시카고의 연간 필요한 조율 건이 10만 건이기에 시카고의 피아노 조율사 수는 100명으로 추정된다.

이상의 내용을 표로 다시 정리하면 다음과 같습니다.

시카고 피아노 보유가구 산출		시카고 조율사들의 1년 조율 가능 건수 산출	
구분	추청수치	구분	추청수치
인구	300만 명	필요한 조율 건수	10만 건 (10만 가구가 1년에 한 번)
가구 수	100만 가구 (300만 명/3명)	조율사 1일 조율 가능 건수	4건 (하루 노동 8시간/조율 시간 2시간)
피아노 보유 가구 수	10만 가구 (100만 가구의 10%)	조율사 1년 조율 가능 건수	1,000대 (하루 4건×주 5일×1년 50주)
따라서 시카고의 적정 조율사 수는 100명(10만 가구/1,000대)			

어떠세요? 실제 결과치는 다를 수도 있겠습니다. 예를 들어 1년에 한 번은 조율을 해야 하지만 몇 년간 조율을 하지 않는 가구의 수가 많을 수도 있고, 조율사들 중 1주일에 6일을 일하는 조율사 수가 많을 수도 있으니까요. 하지만 이렇게 단계적으로 계산을 해놓으면 근접한 값을 짧은 시간 안에 뽑아낼 수 있고, 예측을 통해 시행착오를 줄이고 향후 현장에서 접하게 되는 실제 데이터를 토대로 좀 더 정확한 추정 값을 도출할 수 있습니다.

관련 업종에 대한
이해와 분석

자, 그럼 먼저 여러분이 하려고 하는 업종에 대한 이해와 분석을 해봅시다. 첫 번째 방법은 국가통계포털사이트(http://kosis.kr/) 자료를 활용하는 것입니다. 다음 그림처럼 '국내통계〉주제별 통계'로 들어가서 해당업종에 대한 정보를 살펴볼 수 있습니다. 예를 들어 스포츠산업에 대해 알고 싶다면 도소매에서 아래 그림처럼 들어가서 연도별 인력충원 현황, 경기전망, 매출액규모별 현황 자료 등을 볼 수 있습니다.

다음으로 여러분은 협동조합을 하려고 하는 것이기에 협동조합에서의 업종 분석을 해야 합니다. 앞서 살펴본 기획재정부가 2020년 8월에 발표한 〈협동조합 실태조사〉에 따르면 현재 협동조합은 업종별로는 도매 및 소매업(22%), 교육서비스업(15%), 농림어업(9.4%), 예술·스포츠 및 여가관련서비스업(9.0%), 제조업(8.9%)에 집중되어 있습니다. 더 상세히 알려면 기재부의 협동조합 포털 사이트(http://www.coop.go.kr/)에서 '협동조합 설립현황'으로 들어가면 해당 업종별로 어느 지역에 얼마만큼 만들어졌는지 알 수 있습니다. 또 해당 협동조합을 클릭하면 주요사업, 대표자, 연락처 등이 나오므로 해당 업종에서 협동조합을 만들려고 하는 사람으로서 장단점, 준비해야 할 사항들에 대해 문의해볼 수 있습니다.

그리고 경영공시 자료에 들어가면 해당 업종별 협동조합들의 재정 성과에 대해서도 상세히 알 수 있습니다. 대차대조표, 손익계산서 등이 간략하게 정리되어 있고 상세한 내용이 파일로도 첨부되어 있습니다. 다만 경영공시는 조합원 수가 200인 이상이 되는 등 일정 규모가 되는 일반 협동조합 및 일반협동조합연합회와 사회적협동조합 및 사회적협동조합연합회에 한해서 하고 있으니 이 점을 참고하시기 바랍니다.

마지막으로 기재부 협동조합 포털사이트(http://www.coop.go.kr/), 서울시협동조합지원센터(http://15445077.sehub.net/) 등의 자료실, 그리고 기사 검색을 통해 해당 업종의 성공과 실패 사례를 참조해보길 권해드립니다. 이는 꼭 업종 분석을 위해서만이 아니라 협동조합에 대해 깊게 이해할 수 있는 계기가 될

것입니다. 다만 중요한 것은 앞서 얘기했듯이 아직 성공사례로서 자리 잡은 협동조합이 많지 않다는 점입니다. 따라서 사례를 볼 때는 성공의 요인을 뽑아내어 이를 따라가면 되겠구나, 라고 생각하기보다는 시행착오를 중심으로 입체적으로 바라보며 여러분의 상황에 맞춰 변형해서 적용해볼 수 있도록 해야 합니다.

열심히 일하더라도 매출이 적을 수 있습니다
: 매출액 추정의 필요성과 방법

　　매출액은 제품이나 상품 등을 판매하고 얻은 대가입니다. 앞서의 협동조합 실태조사에 따르면 운영 추정 협동조합의 연간 매출액은 평균 3.7억 원으로 추정됩니다. 업종별로는 운수업(9.5억 원), 도매 및 소매업(6.2억 원), 보건복지서비스업(5.6억 원), 농림어업(5.1억 원)으로 나오는 데 반해 전기가스수도사업과 부동산 및 임대업에서는 1억 원 전후의 상대적으로 낮은 수준으로 나옵니다.

　　매출액 추정을 위해서 앞서 설명드린 '페르미의 추정'을 활용해보세요. 먼저 우리 상품/서비스의 객단가를 산출해봅니다. 객단가(AOV: Average Order Value)는 고객이 1회 구매 시 결제하는 평균 금액입니다. 그런 뒤에 일별 판매 횟수를 추정해봅니다. 이렇게 나온 객단가와 판매횟수를 곱하면 일별 매출 추정이 나옵니다. 이 일별 추정을 토대로 주별, 월별, 연별 매출 추정을 해나갑니다. 음식점의 경우 '객단가 × 테이블 수 × 회전 수'로 하루 매출을 추정할 수 있습니다.

다만 이 추정에서 심각한 오류가 있을 수 있습니다. 《착해도 망하지 않아》라는 책의 저자는 회계법인에서 경영컨설턴트로 근무한 경험이 있지만, 매출에 대해 잘못 예측했다고 다음과 같이 고백합니다. 보시면서 어느 부분에서 잘못되었을지 가늠해보시기 바랍니다.

> 저희 매장은 30평 정도였습니다. 네 사람 앉을 수 있는 테이블 9개가 들어갑니다. 최대 40명이 한 번에 앉을 수 있는 규모이죠. 점심식사 시간 이후 한 번, 저녁식사 이후 한 번, 심야 시간대에 한 번, 이렇게 세 번을 채울 수 있을 것으로 생각했습니다. 테이크아웃도 있으니 하루에 대략 커피 100잔 정도 팔 수 있을 것으로 본 것이죠. 1인당 매출 평균 4천 원 기준으로 하루 총 40만 원 매출을 예상했습니다. 한 달에 25일을 영업하면 대략 천만 원입니다.
>
> - 《착해도 망하지 않아》(강도현, 북인더갭, 2012)

어떠세요? 페르미 추정처럼 하루에 파는 커피 잔 수와 그로 인한 매출을 계산했습니다. 그런데 목이 좋고 유동인구가 많은 곳이라 하더라도 이 계산은 틀릴 여지가 있습니다. 여러분의 경험을 생각해보면 됩니다. 4명이 앉을 수 있는 테이블이라 하더라도 2명이 와서 앉는 경우가 많습니다. 그럼 테이블이 9개라 하더라도 18명만으로도 매장이 꽉 찬 느낌이 들고 손님이 들어오다가도 나갈 수 있습니다. 그래서 페르미 추정을 하더라도 실제 현장에 가서 데이터를 수정해야 합니다. 근처 카페들을 며칠 동안 둘러보았다면 이와 다른 계산을 했겠죠.

사실 카페가 치킨집만큼이나 우후죽순 생겨난 상황에서 카페 매출이 하루 40만 원 나오기란 쉽지 않습니다. 전문가들은 "하루 매출이 30~40만 원 정도 되면 카페 창업으로서는 성공이며, 대다수 소규모 카페는 하루 매출이 5~10만 원에 불과해 임대료만 겨우 건지는 수준"이라고 합니다.

이처럼 매출 추정이 잘못되었다면 사업 시작부터 난관에 부딪힐 수 있습니다. 따라서 여러분이 설립하려는 협동조합도 함께 의논하며 매출액을 신중하게 추정해야 합니다. 그리고 이렇게 도출된 매출액에 오류가 있는지 확인하기 위해 위 까페 사례처럼 해당 업종의 평균 매출을 잘 살펴보길 권합니다. 해당업종의 사업체에 방문해 직접 월별 매출을 문의하는 것도 방법입니다. 까페나 음식점이라면 손님으로 가서 관찰하며 계산해볼 수도 있을 테고요.

원가 계산을 통한 매출 총이익 산출

매출 총이익은 기업이 제품이나 서비스를 팔아서 번 수익으로, '매출액 – 매출원가'입니다. 그럼 연습문제를 하나 해보도록 하겠습니다.

왕대부 사장은 이탈리아 식당 '갓파더'를 운영한다. 이 식당은 파스타 도시락이라는 하나의 메뉴만 파는데 가격은 7,000원이고, 식당에서 하루에 요리해서 판매할 수 있는 도시락의 최대수량은 700개이다. 어느 여름날 유난히 날씨가 더운 탓에 파스타 도시락의 주문이 감소해서 이 날은 영업마감 시간이 거의 끝나갈 때까지 주문을 500개밖에 받지 못했다. 하루 구입하는 채소 등의 식자재 비용은 150만 원이며 포장과 배달을 위해 도시락 한 개당 2,000원이 들어간다. 이 식당은 신선한 음식을 만들기 위해 남은 식자재를 다음날 쓰지 않는다.

그런데 갑자기 어떤 단체에서 도시락 100개의 주문이 들어왔다. 그쪽 담당자는 대량주문이니 가격을 정가인 7,000원 대신에 4,000원으로 깎아달라고 요구했다. 왕대부 사장이 다음에 또 주문할 계획이 있느냐고 묻자 담당자는 아마 그렇지는 않을 것 같다고 했다.

분노한 왕대부 사장은 당장 주문을 거절하려 했다. 과연 맞는 선택일까?

－《지금 당장 회계공부 시작하라》사례 변형(강대준·신홍철, 한빛비즈, 2012), 323~324쪽

여러분이 왕대부 사장이라면 어떻게 하시겠어요? 먼저 500개 판매할 때의 원가를 산출해볼까요? 식자재 구입 비용은 이미 150만 원(700개 비용)이 들어갔고 포장, 배달을 위한 비용으로 개당 2,000원이니 100만 원이 들어갑니다. 총 250만 원이 되니 500개를 만들때 원가는 5,000원입니다. 그럼 4,000원으로 판매하면 원가보다 밑지는 장사로서 1개 팔 때마다 1,000원씩 손해를 보는 셈이겠죠.

하지만 100개를 추가로 만드는 도시락의 원가는 달라집니다. 앞서 식자재 구입 비용을 500개를 만들때 넣었으니 100개에 대한 포장, 배달 비용 2,000원만 계산하면 됩니다. 따라서 100개를 개당 4,000원에 판매하더라도 2,000원의 매출 이익이 생깁니다. 왕대부 사장의 주문 거절은 잘못된 것이죠.

다만 여기에는 인건비, 임대료 등의 비용계산이 빠져 있습니다. 따라서 만약 시간당 아르바이트를 쓰고 있었다면 선택이 달라질 수 있죠. 이 부분은 다음에 계산할 영업이익 추정에서 자세히 얘기하겠습니다.

그럼 여러분도 원가를 산출해보세요. 카페라면 원두, 일회용 컵 비용을 계산해보고 상점이라면 도매상으로부터 구입한 비용을 계산해볼 수 있을 것입니다.

이제 판매비와 관리비까지 계산하여 영업이익을 추정해봅시다

앞에서 언급한 것처럼 매출 총이익이 많다고 해도 아직 안심할 때가 아닙니다. 중요한 인건비와 임대료 등을 빼놓았기 때문이죠. 그래서 영업이익이 중요합니다. 영업이익은 실제로 영업을 통해 얼마나 수익을 남겼는지를 보여주는 지표로 '매출 총이익 – 판매비 – 관리비'입니다. 판매비와 관리비는 항목이 엄격히 나뉘지 않고 통칭해서 판관비라고 합니다. 매출총이익이 높더라도 판매비와 관리비 지출이 높으면 실제 수익은 높지 않습니다.

영업이익 계산 관련해서 앞서 얘기한 커피 창업을 예로 들어봅시다. 30대 후반 회사원인 A씨가 실수령액으로 약 300만 원의 급여를 받으며 생활하던 중 수년 동안 취미로 커피를 배워온 것을 바탕으로 커피숍을 시작하려고 준비할 때 과연 타당한 결정인지 살펴봅시다.

먼저 매출액은 1일 평균 방문 50명 기준으로, 평균 4,500원의 객단가로 잡았습니다. 이렇게 객단가 ×판매횟수로 하루 매출액이 22만 5천원 나왔습니다. 월 매출은 매주 수요일 쉬는 걸로 해서 25일로 계산해 562만 5천 원이 나왔습니다.

A씨는 월급 300만 원의 2배 가까운 돈이 통장에 들어온다는 생각에 기대에 부풀었습니다. 그런데 매출원가를 계산해보니 20%가 나옵니다. 매출총이익은 450만 원이 됩니다. 하지만 여기서 끝이 아니었습니다. 판매비와 관리비를 계산해야 합니다. 광고비는 책정하지 않은 가운데 카드수수료를 10만 원으로 잡았습니다. 감가상각비용으로 인테리어비, 폐업 시 잔존가치 없는 기물 구입, 권리금 중 일부 못 받게 되는 금액 등을 따져서 월 50만 원이 나왔습니다. 그리고 월세 100만 원, 전기료·수도세 20만 원을 책정했습니다. 여기까지 180만 원이 나옵니다. 이제 아르바이트 쓸 엄두도 나지 않아 책정을 하지 않습니다. 이렇게 나온 영업이익은 270만 원입니다. 게다가 아직세금도 남아있습니다. 사표를 내기 쉽지 않겠죠?

구분	추청금액	계산방식
매출액	(하루) 22만 5천원	50명 ×4,500원
	(월) 562만 5천원	22만 5천원 ×25일
매출원가	112만 5천원	매출액의 20%
매출 총이익	450만 원	562만 5천원-112만 5천원
판관비	180만 원	카드 수수료 10만 원+감가상각비용 50만 원+월세 100만 원+전기료·수도세 20만 원
영업이익	270만 원	450만 원~180만 원

여러분도 판매비, 관리비를 추정해보세요. 판매비로 홍보비, 카드수수료, 관리비로 인건비, 전기 등 공과금, 임대료 등을 고려해보세요. 무조건 비용을 적게 잡기보다 현실 가능한 비용을 넣어야 합니다. 홍보비에 대해서 최소한 명함, 브로슈어 등의 비용을 고려해야겠죠?

특히 인건비 항목을 고려하지 않는 경우가 있는데요. 앞서 얘기했듯이 협동조합은 헌신과 자원봉사만으로는 지속가능한 사업을 운영할 수 없습니다. 전일 상근자를 두지 않더라도 1주일에 일정시간 근무를 할 경우 이에 대한 수당을 책정하는 게 좋습니다.

임대료는 줄일 수 있는 방법을 모색하시길 권해드립니다. 처음부터 사무실을 바로 두기보다는 사업이 어느 정도 준비되었을 때 얻는 게 좋습니다. 또 요즘에는 사회적경제기업들에게 공간을 대여해주는 경우가 많이 있으니 잘 찾아보시기 바랍니다. 고정비용이 무섭기 때문이죠.

이제 우리 협동조합의
손익계산서를 최종 추정해봅시다

마지막으로 당기순이익이 있습니다. 이는 일정기간(해당기간)의 순이익으로 '영업이익+영업외수익 – 영업외비용 – 법인세'입니다. 영업외수익은 기부금, 이자 등이 있고 영업외비용은 이자비용, 잡손실 등이 있습니다.

자, 이제 다 되었습니다. 다음 표에 앞서서 하나씩 추정한 매출총액, 매출원가, 매출총이익, 판관비, 영업이익 등을 채워보세요. 영업외수익, 영업외비용, 법인세 등도 대략적으로 잡아주시고요. 한 번에 다 하기 어렵다면 다음 만날 날짜를 잡고 각자 준비해 와서 논의해보는 것도 좋고요. 이번 회차를 한 번의 만남으로 마무리할 필요는 없습니다. 시간이 부족하거나 아직 속도를 따라가기 어려운 사람이 있다면 한 번 더 만나는 걸 추천합니다. 사업을 시작하는 사람들이 가장 어려워하는 부분 중 하나가 손익계산서를 추정해가는 것입니다. 또한 앞서 나왔듯이 회계법인에서 근무했던 컨설턴트도 시행착오를 겪기도 하고요. 그러니 여러분이 어려워 하더라도 이상하지 않답니다.

그리고 회계에 밝은 분에게 전적으로 맡기기보다 협동조합 사업을 시작하려는 여러분이 최대한 함께 논의하고 고민하며 손익계산서를 추정해 가야 합니다. 그래야 사업에 대한 이해도 깊어지고 나중에 시행착오를 겪더라도 신속하게 대처할 수 있으니까요.

항목		추정금액	비고
매출총액			객단가를 활용해 추정해보세요.
매출원가			업종별 대략적인 비율로 산출해도 되고, 개당 원가를 산출해서 추정해봐도 됩니다.
매출총이익			
판매비	홍보비		홍보비를 최소화하는 방안도 있겠으나, 최소한 명함, 브로슈어 등의 비용을 고려해야 합니다.
	카드수수료		
	기타		
관리비	인건비		경우에 따라서 상근자를 두지 않는 방법도 있으나 사무국을 전혀 운영하지 않기란 어려울 것입니다. 전일 상근자가 아니더라도 반일이나 1주일에 일정시간 근무를 할 경우 이에 대한 수당을 책정하는 게 좋습니다.
	전기 등 공과금		
	임대료		처음부터 사무실을 바로 두기보다는 사업이 어느 정도 준비되었을 때 얻는 게 좋습니다. 또 요즘에는 사회적경제기업들에게 공간을 대여해주는 경우가 많이 있으니 잘 찾아보시기 바랍니다. 고정비용이 무섭기 때문이죠.
	기타		
영업이익			
영업외수익	기부금		
	이자		
	기타		
영업외비용	대출이자		
	기타		
법인세 등			
당기 순이익			

마시멜로 게임에서
배우는 교훈

오늘 머리가 많이 아프셨을 테니 마무리하기 전에 재미난 게임 하나 해보려고 합니다. 세계적으로 많이 하는 워크숍 게임 중 하나인 '마시멜로 게임'[3]입니다. 이 게임을 위해서는 스파게티 20가닥, 1m 정도의 테이프와 실, 마시멜로 1개가 필요합니다. 만약 5명을 넘어간다면 3~4명씩 조를 나누어서 조별 대항 게임을 진행하는 것을 추천드립니다.

출처: 〈톰 워젝 : 마시멜로 게임을 통해 배우는 새로운 협동의 형태〉

3- 이 게임에 대한 설명과 의미에 대해서는 〈톰 워젝 : 마시멜로 게임을 통해 배우는 새로운 협동의 형태〉를 보시면 좋습니다. http://www.ted.com/talks/tom_wujec_build_a_tower?language=ko

게임 규칙은 단순합니다. 정해진 18분 동안 준비된 재료를 이용하여 가장 높이 탑을 쌓고 마지막에 마시멜로를 올리는 겁니다.

어떠세요? 얼마나 높이 쌓으셨나요? 이 게임을 가장 못 하는 그룹이 막 MBA를 졸업한 학생들이라고 합니다. 이들은 6분 정도 어떻게 하면 높이 쌓을 수 있을지 방법을 연구하고 각자 자신의 생각을 얘기하며 토론을 합니다. 이렇게 최적의 방법을 정한 뒤 각자의 역할을 나누고 계획을 세우는 데 3분의 시간을 씁니다. 18분 중 절반을 쓴 거죠. 아직 재료는 손도 대지 않았습니다. 그래도 자신감이 있습니다. 완벽한 계획을 세웠다고 생각하기 때문이죠. 계획한 방법에 따라 8분 동안 스파게티 구조물을 만듭니다. 아직 1분이나 남았네 하면서 "짜잔―"하며 마시멜로를 얹힙니다. 그런데 스파게티가 마시멜로의 무게를 못 견디고 휘청하며 바닥에 쓰러집니다. 이제 난리가 났습니다. 패닉에 빠진 사람, 어떻게든 세워보려고 여기저기 테이프를 칭칭 감아대는 사람, 스파게티를 실로 묶어보는 사람 등 모두가 허둥지둥합니다. 하지만 30초… 10초… 시간은 그들을 기다려주지 않습니다. 타임아웃. 스파게티 구조물은 쓰러져 있고 높이는 0m입니다.

반면 유치원생 아이들은 전문가인 건축가 그룹 다음으로 성적이 좋습니다. 이유가 뭘까요? 아이들은 정해진 18분 동안 여러 차례 시도를 해봅니다. 짧게 얘기하고 바로 시작해서 마시멜로를 얹혀봅니다. 어라, 넘어지네. 그럼 처음부터 하는 게 아니라 넘어지는 곳에 다리를 붙여봅니다. 그래도 넘어지면 여기를 또 보수하고. 그렇게 MBA 그룹은 마지막 1분을 남겨놓고 짜잔 해서 실패한 뒤 회복할 수 없게 된 반면, 아이들은 3분부터 짜잔 하며 18분 동안 4~5번을 해봅니다. 그렇게 만들어진 구조물을 한번 볼까요? 모양이 깔끔하지는 않지만 잘 서 있습니다. 그렇게 1m 가까이 스파게티 구조물을 만듭니다. 아이들이 어떻게 만들었는지는 테드 영상 〈톰 워젝 : 마시멜로 게임을 통해 배우는 새로운 협동의 형태〉를 보면 확인하실 수 있습니다.

여러분은 어떠셨나요? MBA 그룹과 유치원생 그룹 중 어디에 가까웠나요? 그리고 위 얘기를 듣고 나니 어떤 생각이 드시나요?

네, 맞습니다. 때로는 완벽한 계획과 준비도 필요하지만 작은 실행과 실패를 통한 보완이 더 효과적일 때가 있습니다. 그렇기에 이번 모임에서 여러분이 추정한 손익계산서를 너무 완벽하게 하려고 애쓰지 않으셔도 됩니다. 다음 단계 학습을 하고 생각을 나누다 보면 손익계산서를 다시 보완해야 할 부분이 보일 겁니다. 또 작게 시범사업을 해보거나 시제품을 만들어 잠재 고객들에게 나눠주며 반응을 듣다 보면 또 보완해야 할 부분이 보일 거고요. 그럼 어려웠던 오늘 모임을 끝낼게요. 정말 수고 많으셨습니다.

함께 살펴보는
협동조합 원칙

조합원의 경제적 참여 Member Economic Participation

조합원은 협동조합의 자본조달에 공정하게 참여하며 자본을 민주적으로 관리한다. 최소한 자본금의 일부는 조합의 공동재산으로 한다.

오늘 여러분과 살펴볼 협동조합 원칙은 '조합원의 경제적 참여'입니다. 결국 협동조합은 여러분 스스로가 경제적으로 참여하면서 힘을 만들어내지 않으면, 어느 누가 대신 해주지 않는다는 것이에요.

협동조합은 선의만으로, 말만으로 움직이지 않습니다. 여러분이 앞서 도출한 '공통의 필요'는 여러분이 직접 경제적으로 참여하면서 이뤄낼 수 있습니다. 그렇기에 어렵더라도 사업계획을 함께 세워야 하고요. 다음에 얘기하겠지만 협동조합 사업을 하기 위해 필요한 자금도 여러분 주머니에서 나오는 것이고요.

| 협동조합기본법 관련 조항 |

제22조(출자 및 책임)

① 조합원은 정관으로 정하는 바에 따라 1좌 이상을 출자하여야 한다. 다만, 필요한 경우 정관으로 정하는 바에 따라 현물을 출자할 수 있다.

② 조합원 1인의 출자좌수는 총 출자좌수의 100분의 30을 넘어서는 아니 된다.

협동조합은 어디서 자금을 마련해야 하며, 어떻게 판매해야 하나요?

협동조합이란 게 그냥 우리끼리 마음 맞춰서

재미나게 잘하면 그만일 줄 알았는데,

이 역시 사업으로서 꼼꼼한 분석과 준비가 필요하다는 걸 깨달았습니다.

매출 예측, 원가 계산이 아직 낯설고 어렵지만

그래도 처음보다는 상이 잡히는 것 같습니다.

그런데 정작 우리가 지금 얘기하고 있는 상품과 서비스를

생산할 능력이 있는가 하는 생각이 듭니다.

사업자금은 어디서 마련해야 하며

어디서 도움을 받아야 할까요?

또 그렇게 만든 상품과 서비스를 어디에 판매해야 할까요?

여러분이 현재까지 정리한 내용을
중간 점검 해볼게요

이번이 일곱 단계 중 다섯 번째네요. 중간 점검 차원에서 우리 협동조합의 세부과제를 점검해보겠습니다. 이를 위해 여러분과 함께 '만다라트' 기법을 통한 아이디어 워크숍을 해보려고 합니다.

만다라트는 정사각형 9개로 이루어진 표로, 이 워크숍은 머릿속에 떠오르는 생각을 이 칸들에 넣어서 정리하는 방식입니다. 다양한 아이디어들을 발산시키면서도 논리적으로 구조화해볼 수 있습니다.

일본의 괴물 투수라 평가받는 오타니 쇼헤이가 고등학교 1학년 때 작성했다고 알려진 만다라트를 예시 삼아 설명해보겠습니다.[4] 그는 8구단 드래프트 1순위를 최종 목표로 세웠습니다. 이를 위한 중간 과제로 ①몸만들기, ②제구, ③구위, ④스

---

4 - SBS 뉴스(15.11.23), 〈[카드뉴스] 괴물 투수의 '괴물 목표'… 오타니의 '운' 달성법〉 http://news.sbs.co.kr/news/endPage.do?news_id=N1003281489&plink=COPYPASTE&cooper=SBSNEWSEND

피드, ⑤변화구, ⑥멘탈, ⑦인간성, ⑧운 등 8개를 정했습니다. 이를 다시 쪼개서 세부 항목들을 나열해서 다음과 같이 종합적인 목표 달성표를 작성했습니다. 총 64개의 과제가 나왔죠? 처음부터 64개의 과제를 생각하라고 하면 어려웠을 텐데 단계별로 나누다 보니 아이디어를 낼 수 있었고 또 자연스레 같은 영역별로 과제들이 묶일 수 있었습니다.

▪ **오타니 쇼헤이가 하나마키히가시 고교 1학년 때 세운 목표 달성표**

몸 관리	영양제 먹기	FSQ 90kg	인스텝 개선	몸통강화	축을 흔들리지 않기	각도를 만든다	공을 위에서 던진다	손목강화
유연성	몸 만들기	RSQ 130kg	릴리즈 포인트 안정	제구	불안정함을 없애기	힘 모으기	구위	하체 주도로
스태미나	가동역	식사 저녁 7수저(가득) 아침3수저	하체강화	몸을 열지않기	멘탈 컨트롤 하기	볼을 앞에서 릴리스	회전수업	가동역
뚜렷한 목표, 목적을 가진다	일희일비 하지않기	머리는 차갑게 심장은 뜨겁게	몸 만들기	제구	구위	축을 돌리기	하체강화	체중증가
핀치에 강하게	멘탈	분위기에 휩쓸리지 않기	멘탈	8구단 드래프트 1순위	스피드 160km/h	몸통강화	스피드 160km/h	어깨주위 강화
마음의 파도를 만들지말기	승리에 대한 집념	동료를 배려하는 마음	인간성	운	변화구	가동역	라이너 캐치볼	피칭을 늘리기
감성	사랑받는 사람	계획성	인사하기	쓰레기 줍기	부실 청소	카운트볼 늘리기	포크볼 완성	슬라이더의 구위
배려	인간성	감사	물건을 소중히 쓰자	운	심판분을 대하는 태도	늦게 낙차가 있는 커브	변화구	좌타자 결정구
예의	신뢰받는 사람	지속력	플러스 사고	응원받는 사람이 되자	책읽기	직구와 같은 폼으로 던지기	스트라이크에서 볼을 던지는 제구	거리를 이미지한다

(주) FSQ, RSQ는 근육 트레이닝용 머신 (출처) 스포츠닛폰

위와 같은 방식으로 여러분의 협동조합에 대해서 지난 시간까지 진행한 세부적인 논의과제들을 정리해보려 합니다.

이해하기 쉽게 다음 예시를 보며 설명을 드릴게요. 가운데는 환경교육 강사들이 만든 가칭 〈푸른환경교육 강사협동조합〉의 만다라트입니다. 먼저 상단 왼쪽과 가운데에 Step1, 2를 통해 정리된 '공통의 어려움', '조합원'으로 중간과제를 정하고 세부적으로 정리된 내용이나 더 논의해야 할 부분을 적었습니다. 공통의 어려움에 대해서는 개별강사로서는 역량 개발이 어렵다는 것과 콘텐츠가 고갈되는 것, 학교 및 교육청 영업이 어렵다는 내용이 뽑혔습니다. 이 내용을 한 칸씩 압축적으로 적었습니다. 이러한 방식으로 오른쪽 부분에는 Step 3에서 정리된 주 사업으로서 '공동 영업', '공동교안 개발', '강사역량 개발'을 적어서 세부화했습니다. 다음으로 왼쪽 부분에 Step 4에서 정리된 '손익계산 추정'에 대해 세부화했습니다. 마지막으로 하단 왼쪽과 가운데 부분에 이번 시간에 논의할 '자금 마련', '판매방안'까지 적어두었습니다.

개별강사 역량개발 어려움	콘텐츠 고갈	학교, 교육청 영업 어려움	월회 정기모임	조합원 수 10~15명 유지	최소 출자금 100만 원	맛보기 영상제작	유튜브 채널 개설	페이스북 페이지 홍보
	공통의 어려움		1년 이상 환경교육 강사	조합원	강사별 장점 분야 정리	공동명함 제작	공동 영업	교육청 교육용역 수주
			자체 심사			영업이사 선정	영업성공 10% 지급	
매출액 1억	원가 8천만 원 (강사료 70%, 영업 10% 지급)	매출 총이익 2천만 원	공통의 어려움	조합원	공동 영업	개별교안 공유폴더 집결	새 교안 개발 시 30만 원 지급	연 2회 교안개발 워크숍
이사장 활동비 월 10만 원	손익계산 추정	사무보조 수당 월 20만 원	손익계산 추정	푸른 환경교육 강사 협동조합	공동교안 개발	외부 교안개발 위탁	공동교안 개발	
영업이익 1,500만 원	연구개발 1,000만 원	당기손익 200만 원	자금 마련	판매방안	강사역량 개발			
						전문가 초청 분기별 강사역량 워크숍	내부 역량교육 30만 원 지급	개발 필요 역량 리스트 정리
	자금 마련			판매 방안		조합원 자체 역량 체크	강사역량 개발	

그럼 여러분도 커다란 전지를 펼쳐두고 함께 얘기를 나누며 아래 칸을 채워보시기 바랍니다. 모든 칸을 다 채울 필요는 없습니다. 다만 주 사업은 3개를 넘지 않도록 했습니다. 첫 해에 3개 이상을 하기 어렵기 때문이죠. 한 사람이 주도적으로 적기보다는 앞에서 연습했던 것처럼 중간과제별로 각자 생각할 시간을 5분 정도 갖고 논의하며 채워봅니다. 이때 포스트잇을 활용해도 좋습니다. 각자 포스트잇에 적은 다음에 비슷한 것끼리 묶고 다른 부분은 따로 붙여보며 생각을 정리하고 모아보는 것이죠. 이번 시간에 진행할 '자금 마련'과 '판매방안'도 채워보시면 더 좋습니다. 그럼 함께 시작해보겠습니다.

	공통의 어려움		조합원			주사업 1	
		공통의 어려움	조합원	주사업1			
손익계산 추정	손익계산 추정	○○ 협동조합	주사업2		주사업 2	
		자금 마련	판매방안	주사업3			
	자금 마련		판매 방안			주사업 3	

자금 마련,
조합원들의 출자금이 기본

협동조합 조합원은 자신들의 필요를 스스로 해결하기 위해 모인 사람들입니다. 시장에서 이윤의 논리로는 다 해결되지 않는 부분, 정부나 공공의 영역에서 미처 다 채워주지 못하는 영역에서의 목마름을 스스로 해결하려 모였죠.

그렇다면 우리가 하려는 협동조합 사업의 자금은 기본적으로 조합원들 안에서 준비될 수 있어야 합니다. 주주가 회사 사업에 참여하며 내는 돈을 투자금이라고 한다면, 조합원이 협동조합 사업에 함께하며 내는 돈은 출자금이라고 합니다. 십시일반 모은 우리의 종자돈. 출자금은 여러분만의 사업을 하기 위한 기본 자금입니다.

일단 모든 조합원은 최소 1좌 이상의 출자를 하도록 되어 있습니다. 출자 1좌의 금액을 얼마로 설정할지는 조합원들이 결정하도록 되어 있지만, 최소한 1좌 이상은 내어야 조합원의 권리를 가질 수 있는 것이죠. 또한 한 조합원이 전체 출자좌수의 30%를 넘어서는 안 됩니다. 출자금을 왕창 내고 싶다고 해도 현행법상 금지되는 부분입니다. 창업 시 한 푼이라도 아쉬운 상황에서 야속한 대목일 수 있습니다.

하지만 곰곰이 생각해보면 협동조합의 특성상 소수가 출자금을 책임지는 구조가 맞지 않다는 것을 알게 됩니다. 만약한 조합원이 30%를 넘는 많은 금액을 출자하고 있다면 어떻게 될까요? 이 조합원이 탈퇴하면 사업체의 물적 기반이 흔들려 금세 위기에 빠질 수 있을 것입니다. 따라서 의사결정을 할때 항상 실질적인 대주주에 해당하는 이 조합원의 눈치만 살피게 되겠죠. 중국집에 가서 탕수육을 시키고 싶다가도 부장님이 "난 짜장면!"이라고 하면 모두가 짜장면이라고 외쳐야 하는 것처럼 말이죠.

그렇다면 출자금을 얼마로 해야 할까요? 많은 협동조합들이 하려는 사업과 관계없이 10만 원 정도로 책정합니다. 이는 출자금을 사업자금으로 생각하기보다 회원 가입비 정도로 생각해서입니다. 10만 원은 약간의 문턱 정도로 혹 잘못될 경우 없는 셈 칠 수 있는 돈입니다. 그렇게 5명이 모았다면 50만 원이 됩니다. 그런데 협동조합 등기를 하려고 하니 지역에 따라 그리고 법무사를 통하느냐 아니냐에 따라 다르지만 대략 40~100만 원 정도 듭니다. 아뿔싸! 출자금이 다 사라지는 순간입니다.

업종에 따라, 주로 하려는 사업에 따라 초기 자금이 많이 들지 않는 경우도 있지만 혼자서 사업을 한다고 했을 때 50만

원을 가지고 하겠다고 생각하지는 않았을 겁니다. 그렇다면 이제 냉정히 여러분의 상황을 인식해볼 필요가 있습니다. 현재까지 논의된 사업을 진행하기 위해서 최소 필요한 자금은 얼마인가요? 이를 기본적으로 조합원끼리 충당하기 위해서 1/n로 나눴을 때 나오는 1인당 최소 출자금은 얼마인가요? 대출을 받을 수도 있고, 정부 지원사업을 찾아볼 수도 있겠지만 우선 이 금액을 계산해봅시다.

항목	금액
최소 필요 자금	
1인당 최소 출자금	

어떠세요? 여러분이 낼 수 있는 출자금인가요? 여력이 안 된다면 사업규모를 줄이는 방안도 있습니다. 협동조합은 우리끼리 할 수 있는 만큼 하는 사업이기 때문입니다. 거꾸로 사업규모를 키우려면 출자금을 더 내야 합니다.

반대로 조합원으로서 협동조합에 참여하다가 자신의 필요와 맞지 않게 되거나, 여러 이유로 탈퇴해야 하는 상황이 생길 경우 탈퇴할 수 있습니다. Step 1에서 배운 것처럼 협동조합은 "자발적인 가입과 개방적인 조합원제도"를 토대로 하기 때문입니다.

이럴 경우 회사에서 투자금을 빼는 것처럼 출자금을 돌려

받을 수 있습니다. 출자금을 포함해 적립금 및 미처분잉여금 (미처리결손금 차감)에 대한 자신의 지분을 환급해달라고 청구하는 것입니다. 그런데 손실금이 누적되어 있다면 당연히 손실금에 대해서도 지분만큼의 책임을 지게 되므로 출자금보다 적은 금액을 환급받거나 전혀 받지 못할 수도 있습니다. Step 4에서 배운 것처럼 조합원은 경제적으로 참여하기에 출자 의무와 함께 사업의 결과에 대해서도 책임을 지기 때문입니다. 이는 회사의 투자자도 마찬가지입니다. 회사가 부도나면 투자금을 회수할 수 없죠. 다만 조합원은 출자금 한도 내로 책임을 지도록 되어 있습니다. 따라서 가급적 출자금 총액 한도에서 사업을 진행하시기 바랍니다.

이렇듯 손익계산이 이뤄졌을 때 환급하는 금액이 정해지기에 탈퇴한 당시 회계연도의 다음 회계연도부터 지급될 수 있습니다. 그렇기에 조합원 가입 시 이 부분에 대한 설명이 필요합니다. "출자금은 전세보증금이 아닙니다. 바로 받을 수 없고, 그 금액 그대로 받을 수 없습니다."라고요. 그렇지 않으면 갈등의 요인이 됩니다. 특히 출자금 금액이 클수록 주의를 해야 합니다.

돌멩이 수프와 같은
조합원들의 자원 모으기

조합원은 자금만이 아니라 각자가 가진 재능도 모아야 합니다. 예를 들어 반찬가게 협동조합을 하려고 모였는데 모두들 요리에는 관심이 없거나 소질이 없는 사람들이라면 어떻게 될까요? 상황이 이렇게 된다면 다른 분야의 사업을 준비하거나 필요한 역량을 가진 사람을 조합원으로 끌어들일 수 있어야 할 것입니다.

사실 협동조합 자체는 '황금알을 낳는 거위'라기보다는 '돌멩이 수프'와 같습니다. 갑자기 웬 우화냐고 하실지 모르지만 협동조합에서의 자원 특성을 잘 보여줄 수 있는 이야기이기에 잠깐 해볼게요. '황금알을 낳는 거위'는 다 아실 테고, '돌멩이 수프' 우화를 모르는 분들을 위해 줄거리를 설명해드릴게요.

어느 여행객이 마을에 들러 먹을 것을 구하는데, 인심이 야박해 아무도 먹을 것을 주지 않자 여행객은 자신한테 마법의 돌이 있다고 합니다. 큰 냄비를 빌려주면 마법의 돌을 이용해 맛있는 수프를 만들어주겠다고 한 것이죠. 그렇게 큰 냄비에 한참 돌만 끓이다가 당근, 양파 등 재료가 더 있으면 더 맛있을 텐데 하고 혼잣말을 합니다. 마을 사람들은 각자 집에 있는 재료를 가져오게 되고 결국 맛있는 수프를 완성합니다.

협동조합을 만들었다고 해서 갑자기 없던 자원이 외부에서 생기지는 않습니다. 오히려 협동조합이란 마법의 돌을 이용해 여러분 각자가 가진 자원들이 하나 둘씩 모이기 시작하면 혼자서는 만들 수 없었던 맛있는 수프를 만들어낼 수 있습니다.

기초가 다져진 협동조합은
외부 지원도 활용해보세요

물론 조합원들만으로 어렵다면 외부 지원도 고려해볼 수 있습니다. 지원금을 받기 위해서만 만든 협동조합이 제대로 사업을 시작하기란 어렵지만 조합원들 사이의 논의와 자원 모으기를 통해 틀이 갖춰진 협동조합이라면 외부 지원도 슬기롭게 활용할 수 있습니다. 외부 지원을 무조건 부정적으로 볼 것은 아닙니다.

기재부 협동조합 포털(https://www.coop.go.kr)의 '알림마당〉자료실'에 있는 《2020년 협동조합 정책활용 길라잡이(전국, 지역편)》에는 전국과 지역별 여러 지원정책이 종합적으로 나와 있습니다. 기획재정부로부터 협동조합지원 업무를 수탁한 한국사회적기업진흥원의 홈페이지(https://www.socialenterprise.or.kr/)의 '협동조합〉협동조합지원사업'에 가면 교육, 홍보, 창업지원, 설립/인가지원, 판로지원, 경영지원 등 각 영역별 지원사업이 나와 있습니다.

또한 일정한 요건을 갖춘 뒤 사회적기업, 마을기업으로 인증받아 관련 지원을 받기도 합니다. Step 2 과정에서 설명드린 것처럼 비영리법인, 회사, 협동조합은 법인의 종류입니다. 법인은 법률에 의하여 권리능력이 인정된 단체 또는 재산, 법적인 독립체입니다. 즉 조직형태입니다. 이 법인을 설립한 뒤에 각각 요건을 갖춘 뒤 심사를 받아 사회적기업, 마을기업, 자활기업, 여성기업, 장애인기업 등으로 인증을 받아 관련 지원을 받을 수 있습니다. 그리고 사회적 가치를 창출하는 기업으로 사회적기업, 마을기업, 자활기업, 협동조합을 사회적경제기업이라고 합니다. 표로 다시 정리해보겠습니다.

구분	내용	종류
법인 설립	조직형태	협동조합, 회사, 비영리법인
▼		
인증	심사 후 승인	사회적기업, 마을기업, 자활기업, 여성기업, 장애인기업 등

　사회적기업에 대해서는 앞서 설명한 한국사회적기업진흥원의 홈페이지(https://www.socialenterprise.or.kr/)에 사회적기업 인증을 받는 방법과 지원내용이 나와 있습니다. 사회적기업은 일자리 지원, 전문인력 지원, 사업개발비 지원, 창업 지원, 성장 지원 등 지원내용이 많아 협동조합 설립 후 사회적기업 인증을 받는 경우가 많습니다. 협동조합은 지금까지 살펴본 것처럼 조합원들 사이의 공통의 필요를 충족하는 과정에서 사회적 가

치를 창출하기에 사회적기업 인증 요건을 갖추기 용이하기 때문입니다. 사회적기업은 일자리제공형, 사회서비스제공형, 혼합형, 기타(창의, 혁신)형, 지역사회공헌형 등이 있는데 지금까지 살펴본 것처럼 협동조합이 목적으로 하는 바와 연장선에 있는 셈이죠. 정부에서는 사회적기업으로 가기 전에 '예비사회적기업' 제도를 두어 차근차근 요건을 갖춰가도록 했습니다. 다만 여기서 협동조합은 유급 근로자 고용에 대한 고민을 해야 합니다. 예비사회적기업의 경우 일자리제공형은 유급 근로자 1명 이상을 조건으로 하고 있기 때문입니다. 그리고 예비를 거쳐 사회적기업으로 지정을 받기 위해서는 다른 유형도 유급 근로자 1명 이상이어야 하는 조건이 있습니다.

다음으로 마을기업은 지역 주민이 각종 지역자원을 활용한 수익사업을 통해 공동의 지역문제를 해결하고, 소득 및 일자리를 창출하여 지역공동체 이익을 효과적으로 실현하기 위해 설립·운영하는 마을 단위의 기업입니다. 행정안전부의 '업무안내〉지방자치분권실〉마을기업(https://www.mois.go.kr/frt/sub/a06/b06/village/screen.do)'에 가면 관련 내용을 볼 수 있습니다. 일정한 자부담을 요건으로 재정지원을 합니다.

다른 부처별 협동조합 지원정책을 살펴보면 먼저 중소벤처기업부의 소상공인들의 협동조합 활성화 지원 사업이 있습니다. 소상공인시장진흥공단에서 하며 협업활성화 사이트(https://www.sbiz.or.kr/cop/main/copMain.do)에 가면 지원사업과 신청방법 등 관련 내용이 자세히 나와 있습니다. 이는 소상공인 5개 이상이 사업자 협동조합을 만들었을 때 공동장비, 개발, 브랜드, 마케팅, 판로 등을 지원해줍니다. 소상공인 간의 공동의 이익창출을 통한 경쟁력 제고, 영업 인프라 구축을 지원하는 사업으로 소상공인협동조합의 자립기반을 구축하고 협동조합 활성화를 통한 매출 극대화 및 일자리 창출을 도모하는 데 목적이 있습니다.

다음으로 과학기술정보통신부의 과학기술협동조합 지원(https://www.setcoop.net/)이 있습니다. 시장진출 지원, 고경력 과학기술인 협동조합의 사업 활성화와 같은 사업화 지원, 일자리 및 일거리 지원 등을 합니다. 문화체육관광부의 예술경영지원센터(https://gokams.or.kr)의 '지원/신청'에 협동조합을 비롯한 문화예술인을 위한 사회적경제사업이 올라오기도 합니다.

각 지역의 중간지원기관에 연락해서 상담을 받을 수도 있습니다. 기재부 협동조합 포털(https://www.coop.go.kr/)의 '설립, 운영>중간지원기관'을 통해 지역별 기관명과 전화번호 등을 알 수 있습니다. 바로 대표번호 1800-2012로 전화해 연결할 수도 있고요.

그밖에도 앞서 설명한 것처럼 동일 업종의 협동조합에 연락해서 경험담을 듣기도 하고 지역 내 다른 사회적경제기업에 방문해 자문을 받을 수도 있을 것입니다. 그렇게 관계를 잘 가지면 공동 사업을 하거나 상호 구매를 하는 데 있어서도 도움

사업자금 마련, 고객분석, 판로개척

을 받을 수 있습니다. 물론 처음에는 어려울 수 있습니다. 그런 점에서 스티브 잡스 일화를 소개하고자 합니다. 스티브 잡스는 열두 살 때 주파수 계수기를 만들고 싶은데 부품이 없던 차에 전화번호부를 뒤져 HP의 CEO 빌 휴렛에게 전화를 걸어 부탁을 했습니다. 빌 휴렛은 웃으면서 부품을 줬을 뿐만 아니라 스티브 잡스가 HP에서 일할 수 있도록 해주어 스티브 잡스는 더없이 좋은 경험을 할 수 있었습니다. 스티브 잡스는 다음처럼 얘기합니다.

사람들은 대부분 전화를 하지 않아요. 사람들 대부분은 도움을 구하지도 않고요. 그것이 바로 일을 성취하는 사람과 단지 꿈꾸기만 하는 사람의 차이입니다. 한 단계 나아가는 경험을 하고 싶다면 반드시 행동을 취해야 합니다. 깨지고 상처받는 것을 겁내선 안 돼요. 실패의 가능성은 늘 감수해야 해요. 전화를 걸 때건 사업을 시작할 때건 실패를 두려워한다면 더 멀리 나아가지 못합니다.

어떠세요? 한 걸음 더 나아가기 위해서는 주변에 도움을 요청해야 합니다. 협동조합은 자원이 부족하니 더더욱 관계자원을 잘 활용해서 사업을 해야 합니다. 조합원을 모집하기 위해서도 그렇습니다. 10명에게 부탁을 해서 1명이 들어준다면 100명에게 부탁을 하면 10명이 들어줄 테니까요. 거절당하는 것을 두려워하지 말고 손을 내밀어보세요.

협동조합에서도 고객에 대한 분석이 중요합니다

기업들은 고객이 무엇을 원하는지 알아내기 위해서 많은 노력을 기울입니다. 고객에 대한 집단면접인터뷰(Focus Group Interview, FGI)와 고객 불만사항이나 개선사항 청취(Voice of Customer, VoC) 등 다양한 경로를 통해 분석합니다. 최근에는 빅 데이터를 통한 정보 수집도 하고 있습니다. 고객의 구매 패턴 정보를 모아서 그 고객에 특화된 맞춤형 광고를 하는 방식이죠. 포털 사이트에서 '협동조합'으로 검색을 자주 하면 하단에 협동조합 관련한 업체 광고가 뜨기도 합니다. 이처럼 기업은 끊임없이 고객의 니즈를 파악하기 위해 노력합니다.

규모가 작은 협동조합이라면 고객의 니즈를 파악하는 데 많은 비용을 들일 수는 없겠지만, 이와 상응하는 노력을 들여야 합니다. 고객과의 소통에도 적극적으로 임하고, 협동조합의 상품과 서비스에 대한 반응 및 소구점을 알아내기 위해 노력해야 합니다. 하물며 반찬가게를 내더라도 무턱대고 내기보다는 우리 지역의 잠재적 소비자들의 입맛을 연구해야 합니다.

또한 고객 조사라는 것이 리서치 회사에 맡겨서 많은 비용을 들여 해야 하는 것만은 아닙니다. 최대한 조합원들끼리 발품을 팔며 주변 사람들의 힘을 이용할 수 있습니다.

힘을 모아 함께 고객분석을 하기로 했다고 해도 어디서부터 시작해야 할지 막막하시죠? 이를 위해 타깃 고객의 상을 그리기 위한 '고객 페르소나 만들기'를 한 뒤에 타깃 고객과의 인터뷰를 진행하는 방법을 안내해드릴게요. 그리고 인터뷰를 위해서는 우리 협동조합의 상품과 서비스를 짧고 명확하게 설명해야 하기에 '엘리베이터 스피치 연습'을 진행해보겠습니다. 그럼 차근차근 따라오세요.

협동조합
고객 페르소나 만들기

우선 우리가 타깃으로 하는 고객의 상을 그리기 위해 함께 페르소나 워크숍을 하려고 합니다. 페르소나(persona)는 원래 그리스의 고대극에서 배우들이 쓰던 가면을 일컫는 말로서, 심리학에서 한 개인이 자신의 본래 성격과 관계없이 밖으로 보이고 싶어 하는 성격을 가리키는 말로 쓰이기 시작했습니다.

마케팅적 의미로는 목표 고객을 대표하는 가상의 인물입니다. 상품을 구입하는 고객이 누구이며, 그 고객을 만족시키기 위해 무엇을 해야 하는지 알기 위함이죠. 이를 위해 가상의 고객을 상정해서 연령, 거주지, 관심사, 취미, 라이프 스타일 등을 구체적으로 설정합니다. Step 4에서 손익계산서를 추정한 이유처럼 고객에 대해서도 이렇게 추정을 하고 나면 미리 계획을 세우며 시행착오를 줄일 수 있고 실제 사업을 하면서 차이가 있더라도 빠르게 보정할 수 있습니다. 이를 통해 우리 협동조합 상품과 서비스를 고객에게 어떻게 어필할 수 있을지, 재구입할 수 있도록 어떻게 만족시킬지 전략을 세울 수 있습니다.

쉽게 이해하기 위해서 영화 〈왓 위민 원트〉(2000)의 한 장면을 소개해보겠습니다. 광고회사 중역인 멜 깁슨은 바람둥이 마초입니다. 그러다 사고로 여자의 마음을 읽을 수 있는 능력을 가지게 되면서 여성들을 이해하게 되고 진정한 사랑을 하게 된다는 내용입니다.

여기서 나이키의 광고를 제작하는 장면이 나옵니다. 직장 생활을 하며 운동이 취미인 30대 여성을 타깃으로 하는 광고입니다. 벌써 연령, 특성, 취미 등이 나왔죠. 그는 여자 마음을 읽을 수 있기에 운동하는 여성들의 마음을 읽어나갑니다. 이들은 직장에서 인정받고 인생에서 성취를 이루기 위한 방법을 늘 고민합니다. 그러나 길 위를 달리면서는 다른 곳에서는 갖기 어려운 자유를 갖습니다. 비판하고 지적할 사람도 없고, 다른 사람을 이기기 위해 애쓸 필요도 없고, 회사 사람들 사이의 알력과 사내 정치에 신경 쓰지 않아도 됩니다. 누군가에게 잘 보이기 위해 자신을 꾸미거나 허세를 부릴 필요도 없습니다. 이렇게 이들의 관심사, 라이프 스타일, 생각 등을 정리해봅니다. 그리고 최종적으로 광고 카피가 나옵니다. "노 게임, 저스트 스포츠(No game, Just Sports)" 상품을 팔고자 하는 고객이 확실히 그려지죠?

그럼 함께 다음 사항을 논의하며 고객의 모습을 구체화해보겠습니다. 다음 사항들을 토대로 각자가 생각하는 고객의 모습을 간략히 구체화해볼게요. 처음부터 말로 풀어쓰려고 하면 버

거울 수 있어요. 마케팅 전문가들도 몇 개월을 자료 조사하고 고민해서 만들어가니까요. 추천하는 방법은 전지를 펼쳐서 각자가 해당하는 고객과 비슷해 보이는 인물이 등장하는 그림이나 사진을 잡지나 신문에서 오려서 붙이는 방식입니다. 이렇게 하면 좀 더 쉽게 접근할 수도 있고 이미지를 만들어가다 보면 말로 다 표현하기 힘든 특징들을 구현해낼 수도 있습니다. 생각을 좀 더 구체적으로 이끌어내는 데에도 도움이 되지요. 다른 사람의 생각에 자신의 아이디어를 덧붙여보며 여러분이 생각하는 고객을 좀 더 구체화해가기 바랍니다. 다음 항목도 하나의 예시이고, 항목을 수정 보완할 수 있습니다.

항목	어떤 모습일까요?
연령대	
성별	
생활반경	
관심사	
생활상의 불편사항	
구매력	
중요하게 생각하는 가치	

타깃으로 하는
고객과의 인터뷰가 필요합니다

고객의 상이 그려졌다면 이제 구체적으로 사람들을 만나서 얘기해봅시다. 여러분이 머릿속에 그려낸 고객의 특성과 실제가 일치하는지를 확인해야 하니까요. 인터뷰할 사람을 찾기 막막하다고요? 지금부터 찾기 어려우면 나중에 협동조합을 만들고 나서 어떻게 판매하려고요.

우선 가까운 지인부터 생각해보세요. 현재 5명이 협동조합을 준비하고 있다면 5명이 각각 5명씩만 인터뷰해도 25명의 표본이 생깁니다. 이 25명만 분석해도 많은 걸 얻어낼 수 있습니다.

인터뷰를 할 때 유의할 점은 상대방의 의견을 듣는 데 주안점을 두어야지, 여러분의 상품과 서비스를 길게 설명하거나 상대방이 지적하는 우려 내지 고민점에 대해 반박하는 시간이 되어서는 안 된다는 것입니다.

우선 여러분이 주목한 지역의 문제나 필요를 배경으로 상품과 서비스에 대한 설명을 간략하게 한 뒤, 이에 대한 동의여부 내지 구매 의향, 그리고 가격지불 상한선 등을 물어볼 수 있습니다. 이 과정에서 여러분이 미처 발견하지 못했던 고객의 어려움과 문제점을 발견해낼 수 있습니다. 예를 들어 지역 내에서 기존과는 다른 교육 서비스로 협동조합 창업을 준비했던 분들이 고객 인터뷰를 한 결과 통학 서비스 제공 여부와 안전이 구매에서 중요한 변수라는 점을 발견하기도 했습니다. 이런 과정을 통해 처음에 여러분이 머릿속으로 가정했던 내용들을 바꿔나갑니다. Step 4의 손익계산서도 바꿔야 하고요.

이는 린스타트업(lean startup) 방식이기도 합니다. 린이란 말은 '낭비가 없는'이란 뜻이고, 스타트업은 신생 벤처기업을 뜻합니다. 자원이 많지 않기에 처음부터 거창하게 하는 것이 아니라 작게 시작해보면서 고객의 반응을 살펴 수정 보완해가며 낭비를 줄이는 것이죠.

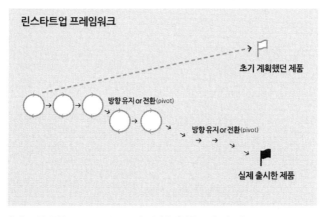

출처: HR블레틴(https://hrbulletin.net), 애자일 방법론②: 린스타트업

여러분이 준비하는 협동조합과 상황이 비슷하죠. 자원이 많고 크게 실패해도 다시 시도할 수 있는 대기업과 달리 우리는 한 번의 실패로도 주저앉을 수 있습니다. 그렇다고 불확실한 상황에서 모든 것을 완벽하게 설계할 수만은 없습니다. 그렇기에 처음에 세운 계획에서 앞서 고객 인터뷰와 시제품 행사 등을 통해서 계속적으로 실험, 피드백, 개선을 통해서 고객으로부터 선택받는 제품과 서비스의 방향으로 나가는 것입니다. 한 번에 모든 것을 완벽하게 하기보다는 사업계획의 중요한 가정을 검증하고 이 과정에서 얻은 고객에 대한 통찰을 상품 개발에 적용하고 개선해가는 과정이죠. 여러분이 Step 4에서 했던 마시멜로 워크숍의 깨달음과 비슷합니다.

엘리베이터 스피치 연습으로
우리 협동조합의 상품과 서비스를
효과적으로 전달하기

인터뷰를 하면서 고객에게 여러분 협동조합의 상품과 서비스를 명확하고 간결하게 전달할 방법으로 '엘리베이터 스피치(Elevator speech)'를 연습해보려고 합니다. 이는 리더십 개발과 코칭전문가인 스콧 에블린이 지은 《무엇이 임원의 성패를 결정하는가》에서 제시한 방법입니다. 엘리베이터를 타고 가는 짧은 시간 동안 상대방에게 설명하거나 설득할 수 있는 말하기 방식입니다. 저자는 이 방식을 연습해서 짧은 시간밖에 내주지 않는 고위 임원에게 효과적으로 보고할 수 있었다고 합니다. 이때 중요한 건 핵심 위주로 간단명료하게 말할 것, 문제점이 아닌 해결책을 말할 것, 특정 과제의 결과나 진척 상황을 설명할 때는 일의 맥락을 설명할 것 등입니다.

협동조합의 대표인 이사장만이 아니라 모든 조합원이 자신이 속한 협동조합의 상품과 서비스가 지닌 매력에 대해 누구를 만나도 자신감 있고 명확하게 설명할 수 있어야 합니다. 그래야 여러분 협동조합이 많은 사람에게 알려질 수 있고 고객

사업자금 마련, 고객 분석, 판로 개척

의 범위도 넓어집니다. 그럼 다음과 같이 각 항목에 대해서 1분 30초 동안 여러분의 상품과 서비스의 특성과 이점을 고객에게 설명해보겠습니다.

1. 우리의 상품과 서비스는 _____ 입니다.

2. 당신에게 필요한 이유는 _____ 입니다.

3. 타 기업과의 차별성은 _____ 입니다.

고객들이 밀집한
상권분석을 해봅시다

이제 고객군이라 할 수 있는 상권분석을 해보겠습니다. 카페, 반찬가게, 서점 등 점포를 내어서 한 곳에서 상품을 판매하는 협동조합의 경우 이 상권분석이 매우 중요합니다. 상권분석의 중요성에 대해 장사의 신이라고 일컬어지는 백종원 대표는 "부대찌개로 망한 자리에 또 부대찌개집이 들어온다."고 지적합니다. 상권분석을 잘못하면 아무리 음식이 맛있고 서비스가 좋아도 실패할 수밖에 없는 거죠. 동시에 백종원은 다음과 같은 세 가지 방법을 제시합니다.

1. 상권의 영업시간을 확인해라. 상권의 특성에 따라 영업시간이 다른데 유동 인구가 많은 시간대에 적합한 서비스가 필요하다.

2. 카페를 보며 고객 유동성을 파악해라. 테이크아웃 손님이 많은지, 홀 손님이 많은지 체크해보라.

3. 음식점, 술집들에 쌓인 주류 박스들을 주목하라. 주류 박스를 보면 가게의 하루 매출이 보인다.

또 최근에는 소상공인시장진흥공단에서 '상권정보(http://
sg.sbiz.or.kr/)'로 해당지역 관련 업종의 설립 추이, 매출 추이,
매출의 특징 등을 쉽게 찾아볼 수 있도록 도와줍니다.

서울시는 '우리마을가게(https://golmok.seoul.go.kr/)'라는 상
권분석 서비스를 운영하며 상세한 정보를 알려줍니다. 점포수,
개/폐업률, 신생기업 생존율, 연차별 생존율, 평균 영업기간, 추
정 매출액, 환산임대료, 상존인구 등 서울의 지역별 상권현황
이 담겨 있으니 잘 활용해보시기 바랍니다.

마을의 우호적인 소비자를
비빌 언덕으로 삼으세요

여러분이 만들려고 하는 협동조합은 막연히 전국을 대상으로 하기보다는 실제 여러분이 거주하는 마을을 기반으로 하는 경우가 대다수일 것입니다. 시장에서 충족되지 않고, 국가가 관심을 기울이지 않는 영역에서 우리 지역사회의 필요를 사업화한 것이죠. 그렇기에 조합원만이 아니라 실제 여러분의 상품을 소비할 지역 주민들의 필요에 다시 귀를 기울일 필요가 있습니다. 이분들이 나중에 조합원이 될 수도 있는 것이고요.

예를 들어 마을 시식회를 해보기도 하고, 동네 분들과 커피를 마시며 수다를 떨기도 하면서 이웃들의 목소리를 들어야겠죠. 그렇게 마을의 필요에 귀 기울이며 만들어진 상품은 조금 부족하더라도 마을 주민들이 애착을 가지고 구매하게 됩니다.

또 이러한 과정을 통해 아이템에 대한 확신을 갖고 우호적인 소비자층을 확보하는 동시에 필요한 자원을 발굴해낼 수도 있습니다. 다음 내용을 통해 마을에서 아이템을 발굴하고 자원을 모으는 과정을 살펴보시기 바랍니다.

사업자금 마련, 고객 분석, 판로 개척

> "마을에 숨은 아이템이 무척 많습니다. 주부들이 보여주는 공통점에서 협동조합 아이템을 찾은 경우가 있었습니다. 주부들은 진지한 얘기를 하면 열에 아홉은 웁니다. 거기서 팁을 얻어, 생활 상담을 할 수 있는 '빨래터 상담가'를 만들자고 했죠. 이를 위해서 워크숍도 했는데 상담을 통해서 치유가 이루어진다는 것을 확인했어요. 치유·성장·확산을 통한 치유 공동체를 만들기로 한 거죠. 그 방법으로 협동조합을 만들었고요. 나와 친한 사람들이 칭얼대는 내용이 곧 협동조합의 아이템이에요. 가까운 사람이 하는 이야기는 흘리고 엉뚱한 곳에서 보물을 찾으려 할 필요가 없는 거죠. 아이템, 재능, 재원이 마을에 다 있습니다."
>
> 《마을을 상상하는 20가지 방법》(박제동·김이준수, 샨티, 2015, 112~113쪽)
> 동작구 희망나눔동작네트워크 유호근 사무국장

결국, Step 3에서 이야기한 공동체 경제로서의 힘을 빌려와야 합니다. 우리가 가진 장점을 최대화해야 하는 거죠. 지역 사회 주민 간 교류를 통해서 힘을 키워가는 관계의 경제로서, 한 사람 한 사람을 소중히 여기는 사람의 경제로서, 마을과 사회가 기반이 되는 사회의 경제로서의 장점을요.

그럼 다음처럼 우리 마을과 연계해서 얘기해봅시다.

내가 주목한 우리 마을의 우호적인 소비자 집단은 ＿＿＿＿＿ 입니다.

이들이 우리 상품과 서비스를 구매할 가능성이 높은 것은

＿＿＿＿＿＿＿＿＿＿＿ 때문입니다.

또한 마을에서 연계할 수 있는 자원으로 ＿＿＿＿＿ 이 있습니다.

사회적협동조합, 사회적기업은
공공조달 우선구매제도 활용

협동조합이 주목해야 할 또 하나의 시장은 공공시장입니다. 중앙정부, 지자체, 교육청 등이 구매하는 규모는 2019년 기준 총 159조 원입니다. 또한 정부는 국가 차원에서 정책적 지원이 필요한 기업, 단체 등이 생산 또는 공급하는 물품, 용역, 시설공사 등을 공공조달 과정에서 우선적으로 구매할 수 있도록 제도를 마련하고 있습니다. 이를 위해 법으로 여성기업, 장애인기업 등에 대한 우선구매제도를 마련했으며 사회적경제와 관련해서는 사회적기업, 사회적협동조합에 대한 우선구매제도가 있습니다. 나라장터종합쇼핑몰에도 '사회적 가치 실현 기업' 전용몰이 있습니다.

또한 '사회적경제기업 제품 구매촉진 및 판로지원에 관한 조례'를 시행 중인 곳이 2021년 10월 기준, 교육청 중에서는 서울, 강원, 경남, 경북, 전남, 충북, 제주 등 7곳, 광역 단위로는 경남, 경북, 전남, 전북 4곳, 그리고 서울, 부산, 대구, 광주, 세종, 울산, 인천을 포함해 총 35곳입니다.

사업자금 마련, 고객 분석, 판로 개척

한국사회적기업진흥원에서는 사회적경제기업들이 공공
시장에 좀 더 용이하게 접근할 수 있도록 공공구매지원센터
를 설치하여 상담(1566-5365)을 받고 있습니다. 공공기관에서
도 이러한 상담을 통해 사회적경제기업이 공급하는 제품과 용
역에 대한 정보를 받아 구매 의사결정을 하도록 돕고 있습니
다. 더불어 공공시장 진출을 위해 맞춤형 구매, 입찰제공, 공공
시장 현황제공, 공공기관 우선구매연계 등의 역할과 함께 판
로지원으로 상품개선지원, 오프라인 판매장 운영, 유통채널
진출지원 등을 하고 있습니다. 또한 온라인 플랫폼 e-store
36.5+(https://www.sepp.or.kr/)를 만들어 공공기관뿐만 아니라
일반 시민도 사회적경제기업 제품에 대한 정보를 얻고 온라인
쇼핑몰에서 직접 구매할 수 있도록 하고 있습니다.

민간시장뿐만 아니라 공공시장에서도 판로를 유지할 수 있
도록 고객관리를 잘하셔야 합니다. 용건과 상관없이 주기적으
로 연락을 하고 새로 나온 상품 샘플도 보내며 평소에도 진정
성 있는 신뢰관계를 이어가주세요.

지역사회에 대한 기여 Concern for Community

협동조합은 조합원의 동의를 얻은 정책을 통해 그들 지역사회의 지속가능한 발전을 위해 노력한다.

오늘 얘기할 협동조합 원칙은 '지역사회에 대한 기여'입니다. 협동조합을 이제 막 시작하려는 사람들에게 너무 무거운 짐을 지우는 것은 아닌가 싶을 수도 있습니다. 그러나 영어 표현으로서 'concern'에는 기여로 해석될 수 있는 배려하다란 뜻 외에도 관심을 갖다라는 의미도 담겨 있습니다. 지역사회에 따라서 처음부터 무조건 기여를 할 생각보다 우리 협동조합이 지역에 미치는 영향과 지역과 협동조합의 관계에 관심을 가지시는 게 사업 성공의 비결입니다. 협동조합의 텃밭이 되는 지역사회에 대한 이해와 고민 그리고 다가서는 노력 없이 협동조합이 성공하기란 어렵기 때문이죠.

| 협동조합기본법 관련 조항 |

제45조(사업)

① 협동조합은 설립 목적을 달성하기 위하여 필요한 사업을 자율적으로 정관으로 정하되, 다음 각 호의 사업은 포함하여야 한다.

1. 조합원과 직원에 대한 상담, 교육·훈련 및 정보 제공 사업

2. 협동조합 간 협력을 위한 사업

3. 협동조합의 홍보 및 지역사회를 위한 사업

'사업'과 관련한 정관

사업 관련한 정관으로 제3장 출자와 경비부담 및 적립금, 제6장 사업과 집행, 제7장 회계가 있습니다. Step 3~5에서 여러분이 논의하고 결정한 내용들과 연결된 정관입니다. 가급적 부록에 실린 모든 조문을 함께 낭독하고 논의하는 시간을 가지길 권합니다. 여의치 않다면 아래 주요 조문이라도 꼭 읽으시고요.

장	조
제3장 출자와 경비부담 및 적립금	**제18조(출자)**
	제18조의2(우선출자)
	제19조(출자증서등의 교부)
	제20조(지분의 범위)
	제21조(지분등의 양도와 취득금지)
	제22조(출자금액의 감소의결)
	제23조(출자감소 의결에 대한 채권자의 이의)
	제24조(경비 및 사용료와 수수료)
	제25조(과태금)
	제26조(법정적립금)
	제27조(임의적립금)
제6장 사업과 집행	**제61조(사업의 종류)**
	제62조(사업의 이용)
	제63조(사업계획과 수지예산)
제7장 회계	제64조(회계연도)
	제65조(회계)
	제66조(특별회계의 설치)
	제67조(결산등)
	제68조(손실금의 보전)
	제69조(잉여금의 배당 및 이월)

제3장 출자와 경비부담 및 적립금

제18조(출자)

　① 조합원은 ○좌 이상의 출자를 하여야 하며 출자 1좌의 금액은 ○○○원으로 한다.

　② 한 조합원의 출자좌수는 총 출자좌수의 100분의 30을 초과해서는 아니 된다.(法)

제24조(경비 및 사용료와 수수료)

　① 조합은 사업운영을 위하여 조합원 및 조합의 사업을 이용하는 자에게 다음 각 호의 경비 및 사용료와 수수료를 부과 및 징수할 수 있다.

　　1. 기본회비

　　2. ○○할 목적으로 ○○에게 징수하는 특별회비

　　3. ○○사용료

　　4. ○○수수료

제26조(법정적립금)

　① 조합은 매 회계연도 결산의 결과 잉여금이 있는 때에는 해당 회계연도 말 출자금 납입총액의 3배가 될 때까지 잉여금의 100분의 10 이상을 적립하여야 한다.(法)

제6장 사업과 집행

제61조(사업의 종류)

　① 이 조합은 그 목적을 달성하기 위하여 다음 각 호의 사업을 할 수 있다.

1. ○○○ 사업

2. ○○○ 사업

3. 조합원과 직원에 대한 상담, 교육·훈련 및 정보제공 사업(法)

4. 조합 간 협력을 위한 사업(法)

5. 조합의 홍보 및 지역사회를 위한 사업(法)

제62조(사업의 이용) 조합은 조합원이 이용하는 데에 지장이 없는 범위에서 다음 각 호의 경우 조합원이 아닌 자에게 사업을 이용하게 할 수 있다.

1. ○○○

2. ○○○

제63조(사업계획과 수지예산) 이사회는 매 회계연도 경과 후 3개월 이내에 해당 연도의 사업계획을 수립하고 동 계획의 집행에 필요한 수지예산을 편성하여 총회의 의결을 받아야 한다.(法)

제7장 회계

제67조(결산등)

① 조합은 정기총회일 7일 전까지 결산보고서를 감사에게 제출하여야 한다.(法)

② 조합은 제1항에 따른 결산보고서와 감사의 의견서를 정기총회에 제출하여 승인을 받아야 한다.(法)

제69조(잉여금의 배당 및 이월)

① 조합은 제68조에 따른 손실금의 보전과 제26조 및 제27조의 법정적립금 및 임의적립금 등을 적립한 후에 잔여가 있을 때에는 총회의 결의로

조합원에게 잉여금을 배당할 수 있다.(法)

②제1항의 배당 시 조합원별 배당금의 계산은 조합 사업의 이용실적 또는 조합원이 납입한 출자액의 비율에 따라 이를 행한다. 이 경우 잉여배당금은 다음 각 호의 원칙을 준수하여야 한다.(法)

1.협동조합 사업 이용실적에 대한 배당은 전체 배당액의 100분의 50 이상이어야 한다.

2.납입출자액에 대한 배당은 납입출자금의 100분의 10을 초과하여서는 아니 된다.

사업자금 마련, 고객분석, 판로개척

'사업' 관련 설립 시 서류작성 항목

2장을 통해 출자 1좌당 금액과 출자좌수를 적은 서류, 수입·지출 예산서, 사업계획서를 작성할 수 있게 되었습니다. 이중 사업계획서 항목 샘플을 보도록 하겠습니다.

○○○ (사회적)**협동조합 사업계획서**

1. 사업 개요

- 사업명 :
- 사업목적 :
- 사업의 주요 내용 요약

2. 사업의 필요성 및 목적

1) 사업의 필요성

2) 목적

3. 사업추진 전략 및 목표

1) 사업추진 전략

2) 목표

4. 사업추진 계획

1) 사업내용 및 추진방법

    1.○○○○ 사업

      1) 사업 목표

      2) 세부사업 내용

      3) 당해년도 세부 계획 및 일정

      4) ○○○○ 사업 예산 편성

수입			지출		
1.○○○ 판매수입	0,000원× 00회	00,000원	1. 인건비	0,000원× 0월	00,000원
2. …	…	…	2. 임차료	0,000원× 0월	00,000원
			…	…	…
합계			합계		

    2.○○○○ 사업

      ……………

2) 수익확보 계획(수행계획)

    ● 목표매출

    ● 상품 및 서비스 내용

    ● 지속적 수입 발생 방안

    ● 세부사업계획 및 일정 등(조합원 확대, 조합원 교육계획 등)

3) 월별 추진 계획

5. 예산계획

1) 사업 예산 정리

2) 운영 예산 정리

6. 기대효과

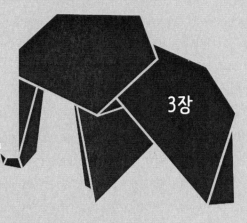

3장

협동조합의 운영방식은
규칙 있는 모임

협동조합이 잘 운영되기 위해
필요한 규칙은 무엇인가요?

Step 5까지 하면서 공통의 필요를 사업화한다는 것의

어려움을 절실히 느꼈습니다.

그렇기에 천천히 다지며 사업계획을 세워가고 있습니다.

그런데 앞서 필요한 사업자금을 예측하면서 1인당 최소 출자금을

정하다 보니 이외에도 여러 가지 정해야 할 내용들이 많이 보였습니다.

특히나 우리 협동조합 사업이 잘되었을 때

수익을 조합원들과 어떻게 나눌지 궁금합니다.

그냥 우리끼리 알아서 정하면 될까요?

수익 배분 외에 또 정해야 할 규칙들이 있을까요?

협동조합은 공통의 필요를
사업을 통해 이뤄내는 '규칙 있는 모임'

Step 1에서 국제협동조합연맹에서 내린 협동조합의 정의를 함께 읽어봤던 기억이 나나요?

공동으로 소유되고 민주적으로 운영되는 사업체를 통하여 공통의 경제적·사회적·문화적 필요와 욕구를 충족시키고자 하는 사람들이 자발적으로 결성한 자율적인 조직

Step 1~5를 지나며 여러분은 협동조합의 목적인 '공통의 필요', 이를 이뤄내는 수단으로서 '사업'을 배웠습니다. 이제 Step 6, 7을 통해 협동조합의 독특한 운영원리인 '규칙 있는 모임'을 배울 것입니다.

이는 제 마음대로 정의한 게 아니라 국제협동조합연맹이 정립한 정의의 핵심을 바탕으로 정리한 문구입니다. 먼저 공통의 필요에 대해서는 "공통의 경제적·사회적·문화적 필요와 욕구를 충족"이라고 표현되어 있습니다. 두 번째 사업에 대해

서는 "공동으로 소유되고 민주적으로 운영되는 사업체를 통하여"라고 되어 있습니다. 끝으로 규칙 있는 모임에 대해서는 "사람들이 자발적으로 결성한 자율적인 조직"이라고 되어 있습니다.

협동조합기본법 정의 역시 이러한 기본 내용이 들어가 있습니다. 다음을 같이 읽어볼까요.

재화 또는 용역의 구매·생산·판매·제공 등을 협동으로 영위함으로써 조합원의 권익을 향상하고 지역사회에 공헌하고자 하는 사업조직

공통의 필요로는 "조합원의 권익을 향상하고 지역사회에 공헌"이라고 되어 있고 사업에 대해서는 "재화 또는 용역의 구매·생산·판매·제공 등", "사업조직"이라고 표현되어 있습니다. 마지막으로 규칙 있는 모임에 대해서는 "협동으로 영위함으로써"라고 되어 있죠.

그럼 이제 어디 가서나 여러분 협동조합을 쉽게 설명할 수 있겠죠? 다음과 같이 설명하시면 됩니다.

○○협동조합은 공동의 _____ 필요를 _____ 사업을 통해 이뤄내는 규칙 있는 모임입니다.

이 규칙 있는 모임이란 말을 조금 더 학문적인 용어로 표현

하면 결사체(結社體, association)입니다. 결사체는 국어사전에서는 "뜻이 같은 사람들이 공통의 목적을 이루기 위해 조직한 단체"라고 나와 있습니다. 앞서 국제협동조합연맹에 "사람들이 자발적으로 결성한 자율적인 조직"과 같은 내용이죠. 정당, 학교, 노동조합, 자원봉사단체, 시민사회단체 등도 결사체가 될 수 있습니다. 공동의 목적이 있고, 자발적이고 자율적 조직이라면 모두 결사체가 됩니다. 유럽에서는 수익을 목적으로 하지 않으면서 다양한 공익적 활동을 하는 결사체가 많아 정부의 빈틈을 채워줍니다. 협동조합은 이러한 결사체 성격을 가지면서도 Step 3~5에서 계속 얘기한 것처럼 사업체로서의 성격도 갖고 있습니다. Step 3에서 얘기한 것처럼 정부와 시장에서 해결되지 않는 문제들을 사업으로서 해결하는 결사체인거죠.

어떠세요? Step 1~5에 배웠던 내용이 또 다르게 다가오죠? 그래서 여러분에게 복습을 강조합니다. 같은 내용이지만 뒤의 내용을 알게 되면 좀 더 다채롭게 보이기 때문이죠.《나의 문화유산답사기》로 유명한 유홍준 교수는 조선 정조 때의 문장가 유한준이 남긴 명언을 토대로 "사랑하면 알게 되고 알게 되면 보이나니, 그때 보이는 것은 전과 같지 않으리라."라는 말을 남겼는데 협동조합을 알아가는 과정도 같다고 생각해요.

협동조합의 운영원리,
공동의 규칙 만들기

자, 그럼 이번 회차부터 결사체에 대해서 알아가는 시간을 갖겠습니다. 결사체에는 두 가지 중요한 요소가 있는데 규칙과 모임입니다. 오늘 여러분과 나눌 얘기는 규칙입니다.

규칙을 만들 때는 무엇보다 조합원 간 합의가 중요합니다. 사실 이 워크북에서는 1회부터 지금까지 계속 여러분이 적어보고 얘기 나누고 함께 의견을 모을 수 있도록 자리를 마련했습니다. 이 과정을 충실히 따라왔다면 합의해서 공통의 규칙을 만드는 과정이 어색하지 않을 것입니다.

규칙의 중요성과 만들어가는 과정을 혼전 계약서로 예를 들어볼게요. 결혼을 앞둔 예비부부들은 여러 가지 걱정거리가 있습니다. 연애할 때 전혀 싸우지 않았던 커플도 결혼생활에서 다툼이 잦아질 수 있습니다. 결혼은 둘만의 일이 아닌 양가를 비롯해 여러 사람이 얽힌 생활이기 때문이죠. 또한 다르게 성장해온 이들이 함께 살면서 크고 작은 충돌이 있을 수밖에 없습니다. 그래서 혼전계약서를 쓰는 부부가 늘어가고 있습니다.

가사노동은 어떻게 분담할지, 양가와의 관계는 어떻게 할지 등을 세세하게 적죠. 하지만 이를 어느 한 사람이 일방적으로 적고, 상대방이 여기에 서명만 했다면 어떠할까요? 냉장고에 붙어있는 규칙은 그냥 종이 쪼가리에 불과하겠죠. 상대방이 결혼 후 돌변해서 "당시에 네가 자꾸 요구해서 동의한 거지, 그걸 다 어떻게 지키냐."라고 할 수 있으니까요. 따라서 충분히 논의하여 합의를 하고 이를 바탕으로 규칙을 정하면서 시스템을 잘 정착해가야 합니다.

사실 규칙이란 게 참 재미없고 딱딱하지만 알고 있어야 사업을 하고 모임을 할 수 있습니다. 추상적인 가치와 마음다짐만으로는 사람을 움직일 수 없기 때문입니다. 우리는 사람의 마음이 이기적임을 인정하고, 규칙을 통해서 우리 협동조합이 원하는 방향으로 나아갈 수 있도록 설계를 해야 합니다. 우린 한 사람의 열 걸음보다 열 사람의 한 걸음이 중요하다고 모였지만, 이 열 사람이 꾀를 부리지 않고 함께 걸어가기 위해서는 규칙이 필요한 것이죠. 그런 규칙과 설계가 없다면, 열심히 한 사람이 금세 지쳐버리게 됩니다. 협동조합은 사람들 사이의 모임이기에 사람이 중심이고 가치가 중요하지만, 그러한 가치를 당위로만 설명하면 사람들이 지치고 움직이지 않기 때문이죠.

예를 하나 들어볼까요? 다음과 같은 두 개의 기숙사 협동조합이 있습니다. 이중 방이 비었을 때 조합원들이 더 적극적으로 새로운 입주자를 알아보기 위해 노력하는 협동조합은 어느 곳일까요?

구분	관리비
A 기숙사 협동조합	매월 일정
B 기숙사 협동조합	전체 관리비/ 전체 입주자 수

그렇습니다. B 기숙사 협동조합일 것입니다. A 기숙사 협동조합은 방이 비더라도 관리비가 더 올라가지 않는 대신, B 기숙사 협동조합은 방이 비게 되면 전체 입주자 수가 줄어들어 매월 내야 하는 관리비가 올라가게 되기 때문이죠.

재미난 건 금전적 부담을 높이는 것만으로 사람들을 움직일 수 없다는 점입니다. 이와 관련해 예를 하나 들어볼까요?

이스라엘 유치원에서 있었던 일입니다. 유치원 교사들이 방과 후 아이를 늦게 데려가는 부모들 때문에 종종 퇴근이 늦어졌습니다. 그래서 교사들은 아이를 늦게 데려가는 부모들에게 벌금을 부과하기로 했습니다. 벌금을 내지 않기 위해 지각하는 학부모가 줄어들 것이라 예상했던 것이죠. 결과는 어떠했을까요? 오히려 벌금을 부과한 이후 지각하는 학부모가 2배로 늘었다고 합니다. 지각에 대한 죄책감이 벌금을 내면서 사라졌던 것이죠.

이처럼 규칙에 따라 사람들을 움직이기란 쉽지 않은 일입니다. 그래서 외부의 잘 만들어진 규칙을 그대로 들여오기보

규칙 만들기, 잉여금 배분, 정관

다는 여러분의 상황에 맞게 변형하고 함께 고민하면서 방법을 찾아가는 게 중요합니다.

마지막으로 하나만 더 예를 들어볼까요? 다음은 어느 협동조합 임직원의 출장비 지급 기준에 대한 규정입니다. 어떤 부분이 눈에 들어오시나요?

| 출장비 |

0조 (출장비 지급 기준)

① 출장비라 함은 정기모임을 제외한 출장을 위한 교통비, 식비, 참가비, 숙박비 등의 비용을 말한다.

② 출장비의 지급범위는 사무국 및 이사회(이사장)가 인정하는 사항에 준한다.

③ 시외교통비와 참가비는 실비로 지급한다. 시내출장 중 긴급을 요하여 택시를 타는 경우 교통비 실비를 청구할 수 있다. 자가 이용 시 사무실 ↔ 목적지 간 거리를 검색(네이버 '지도 찾기' 기준) [왕복거리] X 240원으로 청구하고 도로비나 주차비 등의 실비를 청구하도록 한다. 항공여행은 이사장의 승인을 얻었을 때에 한하여 지급할 수 있다.

④ 식비는 개인 지출인 경우 조합에 청구하도록 한다. 단 7,000원 이하 실비로 지급한다. 출장지에서의 식사제공이나 기타 참가비 지원이 있을 시엔 이중지급하지 않는다.

⑤ 출장을 다녀온 자는 다녀온 지 10일 이내에 영수증과 출장보고서를 사무국에 제출하여야 한다.

저는 제3항의 "자가 이용 시 사무실 ↔ 목적지 간 거리를 검색(네이버 '지도 찾기' 기준) [왕복거리]×240원으로 청구"란 문구가 눈에 들어왔습니다. 네이버 '지도찾기' 기준, 왕복거리×240원 등의 디테일한 것도 인상적이었지만, 그보다는 "사무실 ↔ 목적지 간 거리"란 부분이 사연이 있지 않을까 싶어서였습니다. 예를 들어 이런 규정이 없을 경우, 어떤 임직원이 출장을 가면서 자가용을 이용할 때, 집에서 바로 출장지를 가면서 집에서부터 목적지 간 거리로 실비를 청구한다면 어떠했을까요? 통상적인 출근에 소용된 비용까지 같이 청구하게 되어 부당하다고 보는 사람도 있었을 테고, 또 어떤 사람은 그렇다고 사무실까지 왔다가 출장지로 가지 않는 이상 청구 비용에 포함하는 게 합리적이라고 보는 사람도 있었을 것입니다. 그런 논의들을 거치며 지금의 규정이 만들어진 것이겠죠.

그렇기에 먼저 각자 우리 협동조합에서 이것만은 함께 지켰으면 하는 내용을 생각하고 적어보시기 바랍니다. 그리고 왜 이러한 규칙을 생각하게 되었는지에 대해서도 적어보세요. 그런 다음에 다 같이 쓴 내용을 모아서 각각의 규칙들이 우리 협동조합에 필요한지에 대해서 논의해보세요. 그러면서 어떤 규칙은 꼭 필요하지 않을 수 있다고 결론 내릴 수도 있고 어떤 규칙은 수정, 보완되는 경우도 있을 거예요.

예를 들어 어떤 사람이 "모임마다 간식을 돌아가면서 준비하자"라는 규칙을 얘기하며 모임을 할 때 간식거리가 필요한

데 한두 사람만 가져오는 것 같으니 순번을 정해서 해봤으면 좋겠다는 이유를 내어보았습니다. 그러자 어떤 사람은 모임에 간식이 없어도 괜찮지 않냐, 돌아가면서 준비하기보다는 각자가 먹을거리를 준비해오면 되지 않냐, 그래도 간식을 혼자서만 먹기도 그렇고 챙겨오면 다른 사람들도 다 먹지 않았나 등의 얘기가 나올 수 있습니다. 이런 논의를 거친 뒤에 최종적으로는 "간식비를 만 원씩 걷어서 필요할 때 쓰자"라는 규칙이 만들어질 수 있습니다. 물론 이렇게 한 뒤에도 운영을 하다가 또 바꿀 수도 있고요.

그럼 아래 표를 함께 채워보세요.

이것만은 지키자	이유

조합원의 힘을 모으기 위한 규칙, 이용실적 기준을 잘 세우자

Step 5에서 논의된 조합원에 의한 자원조달을 협동조합은 공동체 규칙을 통해서 했습니다. 배당도 협동조합은 다른 방식으로 합니다. 주식회사의 경우 보통 일정기간 영업활동으로 벌어들인 이익금 일부 또는 전부를 주주에게 배당합니다. 주식을 많이 갖고 있을수록 배당금은 커집니다.

협동조합도 주식회사의 투자금에 대응하는 출자금에 따른 배당이 있습니다. 다만 사회적협동조합은 공익성 목적이 크기에 배당이 금지되어 있습니다. 그럼 협동조합 배당은 어떻게 될까요? 협동조합기본법상 납입한 출자액에 대한 배당은 납입 출자금의 10% 이하로 제한되어 있습니다.

협동조합이 주식회사와 전혀 다르게 출자금에 대한 배당을 박하게 하는 이유는 무엇일까요? 협동조합은 조합원들의 필요를 충족하기 위한 사업체입니다. 이 필요가 돈을 투자해서 그에 따라 수익배당을 많이 받기 위함은 아닙니다. 만약 그랬다면 주식회사를 설립하고 대주주가 되어야 할 것입니다.

그렇다면 협동조합은 배당 시 출자금의 많고 적음이 아닌 어떤 기준을 우선시할까요? 생소할 수 있는 '이용실적'입니다. 조합원이 자신의 필요에 따라서 협동조합을 많이 이용한 횟수나 금액에 비례해서 배당합니다. 쉽게 예를 들어 마트에서 물건의 구입비용에 따라 포인트가 쌓이는 것과 같습니다. 신용카드회사에서 사용실적에 따른 마일리지나 다양한 혜택을 부여해서 자꾸 이용하는 충성고객으로 만드는 것과 같습니다. 사실 이러한 방식은 최초의 성공한 협동조합 영국 맨체스터의 '로치데일 공정선구자협동조합'의 방식을 차용한 것입니다. 많이 이용한 사람들을 우대하면서 이용을 활성화하는 방식이죠.

협동조합은 이러한 이용실적에 따른 배당이 전체 배당의 50% 이상이 되도록 하고 있습니다. 50% 이상이라면 조합원들이 정하는 바에 따라 100%로도 할 수 있다는 것입니다. 거꾸로 "우리 협동조합은 이용실적에 따른 배당을 30%로 할래." 하고 정할 수 없다는 것입니다.

자, 그럼 지금까지 설명한 협동조합만의 독특한 배당을 좀 더 쉽게 이해하기 위해서 예를 들어보겠습니다. 10억을 출자한 '돈많아' 조합원과 1만 원을 출자한 '많이이용' 조합원이 있습니다. '돈많아' 조합원은 출자금을 많이 냈지만 실제 협동조합 사업은 전혀 이용하지 않았습니다. 반면 '많이이용' 조합원은 출자금은 적게 냈지만 혼자서 협동조합을 알차게 다 이용했습니다.

이 협동조합 사업이 대박을 터뜨려 이월손실금, 적립금을 다 적립한 이후에도 돈이 많이 남아 100억 원을 배당하기로 결정했습니다. 이 협동조합은 납입한 출자금에 따른 배당은 10%, 이용실적에 따른 배당은 50%로 정해져 있습니다.

그렇다면 각각 얼마를 배당받을까요? (답은 아래서 확인[5])

구분	납입한 출자금에 따른 배당 (출자금의 10%)	이용실적에 따른 배당 (전체 배당의 50%)	합계
'돈많아' 조합원 (10억 원 출자, 전혀 이용 안 함)			
'많이이용' 조합원 (1만 원 출자, 혼자 다 이용)			
…			

어떠세요? 맞았나요? 물론 이는 이용배당과 출자배당의 특성으로 인한 협동조합 배당의 성격을 보여주기 위해 든 아주

규칙 만들기, 잉여금 배분, 정관

---

[5]

구분	납입한 출자금에 따른 배당 (출자금의 10%)	이용실적에 따른 배당 (전체 배당의 50%)	합계
'돈많아' 조합원 (10억 원 출자, 전혀 이용 안 함)	1억	0원	1억
'많이이용' 조합원 (1만 원 출자, 혼자 다 이용)	1,000원	50억	50억 1,000원
……			

극단적인 경우입니다. 먼저 앞서 얘기했듯이 혼자서 아무리 출자를 많이 한다 하더라도 출자금 총액의 30% 이상을 하지 못하도록 되어 있으니, 10억 출자 조합원과 1만 원 출자 조합원이 공존하는 게 현실과 맞지 않죠. 또한 1만 원을 출자한 조합원이 혼자서 협동조합 사업을 다 이용했다는 가정도 현실적이지 않고요.

하지만 다소 극단적인 설정을 통해 여러분이 협동조합 배당의 특성을 이해할 수 있도록 만든 문제입니다. 협동조합은 자본을 많이 가진 사람을 우선시하기보다는 해당 사업이 정말 필요하고, 자신의 시간과 돈을 들여가며 열심히 노력하는 사람을 우선시하는 시스템라는 것입니다.

아직 이용실적이라는 말이 잘 와 닿지 않는 분도 계실 겁니다. 여러분이 Step 3에서 정한 협동조합의 유형에 따라 설명을 드리겠습니다. 소비자 협동조합이라면 마트처럼 구매 횟수나 금액이 이용실적이 됩니다. 예를 들어 작은 마을에서 주민들이 십시일반해서 키즈카페 협동조합을 만들었다고 해봅시다. 조합원에게는 비조합원에 비해서 카페 이용요금 20% 할인 혜택을 줍니다. 연말에 계산해보니 이용요금 합계가 200만 원이 되는, 조합 사업을 가장 많이 이용한 조합원이 있습니다. 이 조합원은 본인의 필요도 충족했지만 키즈카페 협동조합 사업에도 우수고객으로서 기여했습니다. 협동조합 이용실적에 따른 배당을 해도 안 아깝죠?

사업자 협동조합이라면 조합 사업에 대한 참여가 기준이 될 것입니다. 예를 들어 통번역사들이 프리랜서로서 영업에서 어려움을 겪는 문제를 해결하기 위해 만든 협동조합을 한번 살펴보겠습니다. 이 협동조합을 통해 일을 하게 되면 수당의 20%를 협동조합에 지불해야 합니다. Step 4에서 보았듯이 협동조합 자체 운영을 위한 판매비, 관리비, 영업외비용 등 지출을 계산해야 하니까요. 혼자 해서 100%를 다 가져가는 게 이익일 수도 있지만 협동조합을 통해서 그동안 접근할 수 없었던 큰 규모 행사의 통역도 맡게 되었고 각자의 전문영역에 따라 분업을 함으로써 일의 효율도 높아졌습니다. 그런 가운데 A 조합원은 누구보다도 열심히 조합 사업에 참여하며 협동조합을 잘 이용했습니다. 조합에서 연결해주는 통번역 일을 마다않고 다 했습니다. 때로는 다른 일과 겹쳐서 무리가 될 때도 있지만 장기적으로는 나한테도 이익이고 조합에도 이익이기에 열심히 참여했습니다. 조합에서 아무리 사업을 잘 따와도 조합원들이 자기가 일거리가 없고 아쉬울 때만 참여한다면 협동조합이 제대로 돌아가지 않겠죠? 이렇게 열심히 조합 사업에 참여하며 이용한 조합원에게 배당을 많이 해줌으로써 다른 조합원에게 조합에 대한 참여를 촉진할 수 있을 것입니다.

이제 협동조합에서의 '이용'이 지닌 의미가 좀 더 와 닿나요? 결국 이용자는 자신의 필요에 따라 협동조합이 하는 일에 적극적으로 참여하는 사람입니다. 소비자협동조합은 소비에

규칙 만들기, 잉여금 배분, 정관

173

참여하고, 노동자협동조합이라면 노동에 참여하고, 사업자협동조합이라면 사업에 참여하는 것이죠. 이러한 이용 내지 참여가 활성화되어야 협동조합은 본래의 목적인 공통의 필요를 사업으로서 충족해갈 수 있습니다. 이용(참여)실적을 높게 설정한 이유가 납득되시죠? 이제 여러분은 국제협동조합연맹의 협동조합 정의와 함께 자주 언급되는 미국 농무성(USDA)이 다음과 같이 정한 정의를 이해하실 수 있을 거예요.

이용자가 소유하고, 이용자가 통제하며, 이용규모를 기준으로 이익을 배분하는 사업체

자, 여기에 투자자를 넣어보세요. 투자자가 소유하고, 투자자가 통제하며, 투자규모를 기준으로 이익을 배분하는 사업체. 바로 주식회사이죠. 이렇게 협동조합과 주식회사는 이용자(참여자)와 투자자로 나뉩니다. 소유권, 통제권, 이익배분 기준이 이용자(참여자)와 투자자 중 누구에게 있느냐가 중요한 것이죠. 그리고 이용자(참여자)를 공통의 필요에 동의한, 필요한 사람들로 해봅시다.

필요한 사람들이 소유하고, 이들이 통제하며, 필요한 만큼 열심히 이용(참여)한 사람들에게 이익을 돌려주는 사업체

더 응용해볼까요? 택시를 예로 들어볼게요. 기존 택시회사가 사장이 소유하고, 사장이 통제하며, 사장이 이익을 다 가져가는 사업체였다면, 택시협동조합은 택시기사들이 십시일반 출자금을 모아 만든 사업체입니다. 택시기사 조합원들이 소유하고, 이들이 통제하며, 열심히 참여하고 일한 만큼 이익을 배분하는 사업체인 거죠. 여러분의 협동조합도 이러한 방식으로 정의해볼까요?

○○협동조합은 _____ 필요에 동의한 이들이 소유하고, 통제하며, 조합의 _____ 에 있어 이용(참여)한 만큼 이익을 배분하는 사업체입니다.

Step 5에서 예시로 들었던 '푸른 환경교육 강사협동조합'으로 해보면 첫 번째에는 '강사역량의 공동개발, 콘텐츠 고갈해소, 학교, 교육청 영업 어려움 해결'이 들어갈 테고, 두 번째에는 '공동영업, 공동교안개발, 강사역량개발'이 들어가겠죠.

그리고 협동조합 이용(참여)이란 게 단순히 사업 활동으로만 한정되지 않습니다. 거듭 이야기하지만 협동조합은 공동체경제 방식이기에 사업과 함께 공동체도 잘 돌아가야 합니다. 새가 한쪽 날개만으로는 날 수 없듯이 어느 한 쪽만 발달하고 다른 쪽이 움직이지 않는다면 협동조합이 잘 운영되기 어렵기 때문입니다. 따라서 아래처럼 교육, 회의, 임원 활동에 대한 참여에 대해서 점수를 부여할 수 있습니다.

규칙 만들기, 잉여금 배분, 정관

참여 종류	제목	기준 점수	비고
교육	신입조합원교육	교육당 2점	2회 이상 진행 시 수료를 기준으로, 80% 이상 참석 시 부여
	사업교육		
	총회준비교육		
회의	총회	2점	
	이사회	월 2점	
	위원회	월 1점	
임원	이사장	30점	임기를 모두 마쳤을 경우 점수 부여
	이사/감사	10점	
	위원회 위원장	5점	

막연히 우리 모두 함께 협동하자라는 말보다는 우리의 참
여활동이 어떻게 협동조합에 도움이 되는지 경로를 보여주고,
그렇게 열심히 참여한 조합원에 대한 지지와 보상체계를 마련
해서 협동이 이익이 될 수 있는 구조를 만들어야 합니다. 그럼
아래 표와 같이 여러분 협동조합에서의 이용(참여)실적 항목을
각자 완성해보고 서로의 생각을 나누도록 합시다.

이용(참여)실적 항목	기준 점수	설명

규칙들을 체계적으로
정리해볼게요

합의된 규칙들이 어느 정도 정리가 되었나요? 그렇다면 이를 우리 협동조합에 어떻게 반영하면 될까요? 협동조합의 조직 시스템을 이해하기 위해서는 문서화된 세 종류의 규칙에 대해 알아야 합니다.

먼저 정관이 있습니다. 정관은 협동조합의 조직형태, 운영 방법 및 사업 활동 등에 관한 기본적인 사항을 규정한 최고의 자치법규입니다. 협동조합 헌법이라고 할 수 있겠죠. 물론 자치적으로 정하더라도 협동조합기본법에서 정한 내용을 벗어날 수는 없습니다. 앞서 예로 든, 한 조합원의 출자금은 전체 출자금의 30% 이하여야 하고, 배당 시 출자배당은 출자금의 10% 이하, 잉여실적에 대한 배당은 전체 배당의 50% 이상 등 협동조합기본법에서 규정한 내용을 준수해야 합니다.

따라서 기재부에서는 표준정관을 제시하고 있습니다. 법상 규정된 내용이 있어 모든 협동조합에 공통된 부분이 있기도 하고, 협동조합을 준비하는 분들이 아무것도 없는 상태에서 정관을 작성하기가 어렵기 때문입니다.

다음으로 규약과 규정이 있습니다. 규약과 규정은 정관으로 정하는 것을 제외하고 협동조합의 조직과 사업 활동에 필요한 사항을 정의한 것입니다. 헌법이 있다면 그 아래에 법률이 있고 명령이 있는 것처럼 '정관 〉 규약 〉 규정'의 체계로 되어 있습니다. 표준정관으로는 반영하기 어려운 각 협동조합의 특수한 규칙은 규약과 규정을 통해서 반영하는 것을 추천합니다. 규약과 규정은 정관과 달리 신고(인가)가 요구되지 않기 때문입니다. 협동조합기본법이나 정관에 위배되지 않는 범위 내에서 자유롭게 작성하는 그야말로 내부 규칙입니다. 이 역시 처음부터 작성하려면 어려우실 거예요. 이와 관련해서 서울시 협동조합지원센터(https://www.15445077.net/)의 '협동정보〉협동조합서류'에 〈협동조합이 알아야 할 협동조합 규약규정집〉이 올라와 있으니 참고하여 작성하는 걸 추천합니다.

하나 더, '정관 〉 규약 〉 규정'의 체계로 되어 있기에 이를 새롭게 만들거나 고치려고 할 때 동의를 받아야 하는 모임도 다릅니다. 더 상위에 있는 자치법규일수록 더 상위 모임에서 결정해야겠죠. 그래서 정관과 규약은 총회에서 제정·변경되는 데 반해, 규정은 이사회에서 제정·변경된다는 특징이 있습니다. 총회, 이사회? 틈틈이 얘기가 나왔지만 아직 감이 잘 잡히지 않죠? 이 부분은 Step 7에서 설명할 예정입니다.

지금까지 이야기한 규칙에 대한 내용을 표로 정리하면 다음과 같습니다.

종류	정의	효력요건	비고
정관	협동조합의 조직형태, 운영 방법 및 사업 활동 등에 관한 기본적인 사항을 규정한 최고의 자치법규	총회 결의 신고(인가) 필요	14개 필수 기재사항 표준정관
규약	정관으로 정하는 것을 제외하고 협동조합의 조직과 사업 활동에 필요한 사항을 정의한 것	총회결의 신고(인가) 불필요	총회운영규약, 선거관리 규약, 위원회 구성 및 운영규약, 사용료 및 수수료 부과에 관한 규약, 잉여금 배당 규약 등
규정	정관, 규약에 비하여 경미한 사항을 정의한 자치법규	이사회 결의	이사회운영 규정, 감사 규정, 인사 규정, 근무 규정, 보수 규정, 회계 규정 등

협동조합 자치법규의 종류[6]

6 -《아름다운 협동조합 만들기》(기획재정부, 2013), 168~170쪽 내용 정리

표준정관은
함께 낭독하세요

표준정관에 대해서는 1장 공통의 필요, 2장 사업의 끝부분
에서도 해당 부분을 함께 살펴보았습니다. 여기서는 표준정관
전체 조문의 제목을 보도록 하겠습니다. 표준정관은 협동조합
포털(coop.go.kr) 자료실에 올라온(2021년 2월 8일) 〈협동조합 정
관 작성방법 및 작성예시〉 자료를 토대로 했습니다. 협동조합
기본법이 개정될 경우 표준정관의 내용도 바뀔 수 있기에 협
동조합 설립 신고 · 인가 전에 중간지원조직에 연락을 해서 꼭
확인해보시기 바랍니다. 아울러 아래 내용은 일반협동조합을
기준으로 한 것으로, 사회적협동조합이나 협동조합연합회의
경우 다른 부분이 있으니 이 점도 참고하시기 바랍니다.

여러분이 구조적으로 정관에 쉽게 접근할 수 있도록 필요
(제1장 총칙, 제2장 조합원), 사업(제3장 출자와 경비부담 및 적립금. 제6장 사업
과 집행. 제7장 회계), 모임(제4장 총회와 이사회, 제5장 임원과 직원), 기타(제
8장 합병·분할 및 해산)로 나눴습니다. 그래서 원래 순서와 다르게
4, 5장이 뒤로 가 있습니다. 실제로 정관을 작성할 때에는 장별

순서에 따라 하셔야 합니다. 또 1장의 조문들은 기타 사항에 해당하는 경우가 많지만 큰 틀에서 필요로 묶었습니다.

표준정관은 가급적 모든 조문을 조합원들이 함께 돌아가면서 낭독하시길 추천드립니다. 부록에 전체 표준정관이 수록되어 있습니다. 읽으면서 이해가 잘 되지 않으면 자료를 찾아보고 다른 의견이 있는 경우 함께 얘기도 나눠보세요. 시간이 정말 없는 경우 진하게 표시한 부분만이라도 읽기를 추천드립니다.

구분	장	조
필요	제1장 총칙	제1조(설립과 명칭)
		제2조(목적)
		제3조(조합의 책무)
		제4조(사무소의 소재지)
		제5조(사업구역)
		제6조(공고방법)
		제7조(통지 및 최고방법)
		제8조(공직선거 관여 금지)
		제9조(규약 또는 규정)
	제2장 조합원	**제10조(조합원의 자격)**
		제11조(조합원의 가입)
		제12조(조합원의 고지의무)
		제13조(조합원의 책임)
		제14조(탈퇴)
		제15조(제명)
		제16조(탈퇴·제명조합원의 지분환급청구권)
		제17조(탈퇴·제명조합원의 손실액 부담)

구분	장	조
사업	제3장 출자와 경비부담 및 적립금	제18조(출자)
		제18조의2(우선출자)
		제19조(출자증서등의 교부)
		제20조(지분의 범위)
		제21조(지분등의 양도와 취득금지)
		제22조(출자금액의 감소의결)
		제23조(출자감소 의결에 대한 채권자의 이의)
		제24조(경비 및 사용료와 수수료)
		제25조(과태금)
		제26조(법정적립금)
		제27조(임의적립금)
	제6장 사업과 집행	제61조(사업의 종류)
		제62조(사업의 이용)
		제63조(사업계획과 수지예산)
	제7장 회계	제64조(회계연도)
		제65조(회계)
		제66조(특별회계의 설치)
		제67조(결산등)
		제68조(손실금의 보전)
		제69조(잉여금의 배당 및 이월)
모임	제4장 총회와 이사회	제28조(총회)
		제29조(대의원총회)
		제30조(대의원의 의무 및 자격상실)
		제31조(정기총회)
		제32조(임시총회)
		제33조(총회의 소집절차)
		제33조의2(조합원제안권)
		제34조(총회의 의결사항)
		제35조(총회의 의사)

구분	장	조
모임	제4장 총회와 이사회	제36조(특별의결사항)
		제37조(의결권 및 선거권)
		제38조(대리인이 될 자격)
		제39조(총회의 의사록)
		제40조(총회의 운영규약)
		제41조(총회의 회기연장)
		제42조(이사회)
		제43조(이사회의 의결사항)
		제44조(이사회의 의사)
		제45조(이사회의 의사록)
	제5장 임원과 직원	46조(임원의 정수)
		제47조(임원의 선임)
		제48조(선거운동의 제한)
		제49조(선거관리위원회의 구성·운영)
		제50조(임원등의 결격사유)
		제51조(임원의 임기)
		제52조(임직원의 겸직금지)
		제53조(이사장 및 이사의 직무)
		제53조의2(이사의 경업금지)
		제53조의3(이사와 협동조합 간의 거래)
		제54조(감사의 직무)
		제55조(감사의 대표권)
		제56조(임원의 의무와 책임)
		제57조(임원의 보수등)
		제58조(임원의 해임)
		제59조(운영의 공개)
		제60조(직원의 임면등)
기타	제8장 합병·분할 및 해산	제70조(합병과 분할)
		제71조(해산)
		제72조(청산인)
		제73조(청산 잔여재산의 처리)

STEP
6

규칙 만들기, 잉여금 배분, 정관

교육, 훈련 및 정보 제공 Education, Training and Information

협동조합은 조합원, 선출된 임원, 경영자, 직원들이 협동조합의 발전에 효과적
으로 기여하도록 교육과 훈련을 제공한다.
협동조합은 일반대중, 특히 젊은 세대와 여론 지도층에게 협동의 본질과 장점
에 대한 정보를 제공한다.

오늘 여러분과 얘기할 협동조합 원칙은 교육, 훈련 및 정보 제공
입니다. 앞서 얘기했듯이 협동조합의 동력을 위해 끊임없이 조합원
을 교육하고 훈련하고 올바른 의사결정을 하는 것과 동시에 주인으
로서 성장할 수 있도록 하기 위해 정보를 제공해야 합니다. 이를 통
해 조합원의 참여 비용을 낮추고 역할을 부여받으며 장기적으로 임
원으로서 성장해갈 수 있습니다.

| 협동조합기본법 관련 조항 |

제7조(협동조합등의 책무)
협동조합등 및 사회적협동조합등은 조합원등의 권익 증진을 위하여 교육·훈련 및 정보
제공 등의 활동을 적극적으로 수행하여야 한다.

협동조합의 모임,
어떻게 잘할 수 있을까요?

벌써 마지막 단계라고 하니 뭔가 기분이 묘하네요.

우리가 지금껏 논의한 내용들을 토대로

어느 정도 우리 협동조합의 목적과 사업, 규칙까지 대략이라도 나왔어요.

그런데 협동조합을 운영하면서도 이렇게 매번 모두 모여서 해야 할까요?

또 모임을 하면서 생기는 크고 작은 갈등을 어떻게 풀어가야 할까요?

어떻게 하면 효과적으로 의사결정을 해나가야 할지 궁금합니다.

또 이사장을 비롯한 임원도 뽑아야 하는데

아직 이들이 어떤 일을 하는지 잘 몰라서

서로 눈치만 보고 있네요.

모임을 잘하기 위한
민주적 의사소통 근육 키우기

많은 협동조합들이 사업을 본격적으로 하기에 앞서 내부 갈등 때문에 무너집니다. 친구나 가족 간에도 동업하지 말라고 하는 데는 나름의 타당한 이유가 있습니다. 그래서 저는 "혼자 할 수 있으면 혼자 하는 게 제일 편하다."고 합니다. 하지만 혼자 할 수 없는 부분들이 있기 때문에 어렵더라도 합을 맞춰나가는 것이죠.

그래서 공통의 필요를 협동 사업으로 하는 이점이 이성적으로 명확하게 느껴지더라도 실제로 이를 실현하는 데 있어서는 큰 어려움이 있다고 얘기합니다. 사실 우리는 이렇게 여러 사람의 필요와 의견을 민주적으로 결합하며 일을 해본 경험이 많지 않습니다. 낯선 것은 서로에게 거북하고 불편하게 느껴지는 부분이고요. 또 이러한 시간과 노력을 모두 불필요한 비용으로 여기기도 합니다. 똑똑한 사람 한두 명이 의사를 결정하고 나머지는 군소리 없이 따르는 것을 효율적으로 여겨왔기 때문이죠.

결국 우리가 협동조합을 하기로 한 이상 1인 1표의 운영원리를 체화하기 위한 훈련 과정을 거칠 수밖에 없습니다. 이 과정은 근육을 키우는 것과 같습니다. 안 쓰던 근육을 갑자기 쓰게 되면 다음날 근육통에 시달리게 됩니다. 하지만 한 번이라도 같은 동작을 경험한 적이 있으면 다시 같은 동작을 했을 때는 처음만큼 심한 통증을 동반하지 않게 됩니다. 그렇게 조금씩 근육이 붙으며 힘이 생겨납니다.

　　민주적 의사소통 과정도 마찬가지입니다. 처음이 어려워서 그렇지, 서로 이야기를 듣고 조정해가는 과정은 자꾸 하다 보면 익숙해질 수 있습니다. 그러면서 앞에서 여러분이 준비운동을 하면서 겪었던 것처럼, 어떤 부분에서 모두가 함께 토론하기보다는 분업화된 개별 전문가의 영역으로 두고 신속하면서 정확한 의사결정을 해야 될지 알게 됩니다. 반대로 어떤 부분은 시간이 걸리더라도 여러 사람이 같이 결정해야겠다는 구분도 생기게 되고요. 또한 근육통을 예방하기 위해 충분한 준비운동과 스트레칭을 하는 것처럼, 설립을 준비하는 과정에서 서로를 이해하는 시간을 충분히 갖고 앞으로 협동조합을 운영한다고 할 때 예상되는 갈등에 대해 논의해보는 게 중요합니다.

협동조합 회의방식, 총회·이사회·운영위원회, 임원의 역할

갈등을 숨기기보다 꺼내서 풀어가야 합니다

이렇게 갈등을 꺼내놓고 긍정적으로 얘기를 하다 보면 오히려 창의적인 아이디어가 나오고 서로의 공통점을 더 많이 발견할 수 있습니다. 또 갈등을 잘 풀어나가면 조합원들끼리 더 똘똘 뭉치며 협동조합의 목적을 위해 더 몰입할 수 있는 계기를 가질 수 있습니다. 갈등의 요인을 은폐하거나, 권위로 찍어 눌러서 갈등을 강제로 해소할 경우 당장에는 해소된 것처럼 보이지만 결국 더 크게 곪아 갈등이 증폭되어 나타납니다.

따라서 오늘 여러분과 함께 풀어갈 부분은 바로 공동의 의사결정을 위한 발판을 만드는 부분입니다. 먼저 다음 표를 작성해보시기 바랍니다. 예상되는 갈등상황 혹은 이미 시작된 갈등 내용에 대해서 왼편에 적고, 오른편에 걱정되는 점을 적어주시기 바랍니다.

예상되거나 이미 시작된 갈등 상황	걱정되는 부분

갈등을 모두 끄집어내 보셨나요? 자, 그럼 해답을 찾아가야 겠죠? 사실 많은 분들이 협동조합에 대한 정석과 지침이 있길 바랍니다. 물론 법규상 준수해야 할 절차도 있고, 이전의 성공 과 실패 사례를 토대로 고려해야 할 사항도 있을 것입니다. 하 지만 개별 협동조합이 상황별로 내려야 할 결정에 대한 답은 경영학 책이나 학자, 컨설턴트를 비롯한 전문가에게 있지 않습 니다. 심지어 설립 당시 발기인들이 세운 방향이 영원하지도 않습니다. 협동조합은 살아있는 생명체와 같습니다. 새로운 조 합원이 들어오고, 시장 상황을 비롯해 조직 내외부의 상황은 계속 변하기 때문입니다. 이전의 해결책이 지금 시점에서는 맞 지 않을 수 있습니다.

그럼 답은 어디 있을까요? 답은 현재 협동조합을 구성하는 조합원 스스로에게 있습니다. 협동조합으로 사업을 한다는 것 은 미리 정해진 답을 찾아가는 것이 아닌, 조합원 스스로 그 상 황에서 판단한 최선의 선택을 만들어가는 과정입니다.

갈등 관련 대화할 때
공통적인 말하기 방식

갈등 관련 대화할 때 공통적인 말하기 방식이 있습니다.

첫 번째로 오해 없이 전달해야 합니다. 많은 경우 서로 의견을 나누는 과정에서 자신의 의견을 상대방에게 충분히 전달하지 못하거나 상대방의 의견을 오해하는 경우가 많기 때문입니다.

두 번째로 감정에 치우치지 않는 말하기 방식입니다. 상대방의 말은 듣지 않고 처음부터 "저 사람은 평소에 나에게 적대적이었기 때문에 저런 의견을 내는 거야."라고 단정하는 경우가 많습니다. 가장 최악인 건 대화가 감정적으로 흐르는 경우입니다. 물론 사람이므로 화가 날 수 있습니다. 하지만 감정이 실린 말은 서로에게 큰 상처로 남을 뿐만 아니라 협동조합 자체도 위태롭게 만듭니다. 부부싸움에서도 서로 하지 말아야 할 최악의 말들이 있는 것처럼요. 사람과 문제는 분리하는 연습을 해야 합니다. 흔히들 메시지를 비판해야지 메신저를 공격하지 말아야 한다고 하죠.

세 번째는 추측이 아닌 드러난 사실을 근거로 얘기해야 합니다. 특히 상대방의 의도를 지레짐작해서 말하는 것은 위험한 일입니다. 예를 들어 프리랜서 협동조합에서 특정인에게 일감을 많이 주었습니다. 한 조합원이 이는 이사장과 원래부터 알던 사이여서가 아니냐, 내가 일전에 이사장 의견에 반대해서 밉보여서 내게는 일을 주지 않는다며 이사장 뒷담화를 하기 시작했습니다. 특정인에게 일감을 많이 준 사실을 두고 이사장과의 친분, 자신과 이사장의 의견 대립이 원인이라고 바로 추측할 수는 없습니다. 알고 보면 이 협동조합에 당시 의뢰 들어온 사업들이 고도의 전문성이 필요한 것이어서 그 조합원에게 많이 맡겨진 걸 수도 있고, 다른 조합원들에게도 일거리를 알렸는데 다들 거절하다 보니 이사장이 어렵게 부탁해서 그 조합원이 억지로라도 했던 것일 수도 있습니다. 따라서 지레짐작해서 섣부른 판단을 내리지 말고 드러난 사실을 바탕으로 함께 얘기하며 오해를 풀어가야 합니다.

갈등이 생기기 전
필요한 예방

무엇보다 갈등이 생기기 전 예방할 수 있는 최선의 노력을 해야 합니다. 최소한 다음 두 가지라도 해야 합니다.

첫째는 Step 6에서 배운 규칙을 세우는 것입니다. 다른 협동조합 사례를 참고삼아 만들 수도 있고 여러분이 벌써 여섯 번 만나면서 부딪혔던 부분들이나 앞으로 협동조합을 본격적으로 하면서 생길 수 있겠다고 예상되는 갈등지점이 있을 거예요. 그에 대해서 충분히 논의하며 여러분만의 규칙을 잘 만들어놓으셔야 합니다.

둘째는 협동조합의 원칙인 교육, 훈련 및 정보 제공입니다. 우리는 가짜뉴스의 해악을 많이 접하고 있습니다. 협동조합도 이 부분을 조심해야 합니다. 그렇기에 협동조합 정보를 최대한 조합원들에게 정확하고 명확하게 전달해야 합니다. 앞서 예로 든 안 좋은 말하기 방식으로 인해 오해가 생기고 감정이 격화되고 억측을 하게 되어 잘못된 정보가 퍼지고 있다고 생각해 보세요. 똘똘 뭉쳐 힘을 내며 수레를 끌고 언덕을 올라가야 하는 상황에서 조합원들이 떡하니 수레 위에 앉거나 오히려 아래로 끌어내리는 형세가 될 것입니다. 조합원들에게 올바른 정보를 공유하기 위해 우선 기록이 잘 되어야 합니다. 회의를 진행했다면 회의록을 작성하고 조합원 모두에게 적극적으로 알려야 합니다. 특히나 참석하지 못했던 조합원에게는 더더욱 잘 알려야 조합 내 가짜뉴스가 사라질 수 있습니다. 반드시 타이핑을 할 필요는 없습니다. 종이에 요점을 간단히 적은 뒤 핸드폰 카메라로 찍어서 카톡 등의 온라인 대화방이나 밴드에 올리면 바로바로 할 수 있습니다. 따로 시간 내서 잘하려고 하면 못하게 될 수 있으니 각 조합의 상황에 맞게 간소화해서 하는 방법을 추천드립니다.

이렇게 얘기를 하면 어떤 이들은 조합의 어려운 부분은 감춰야 하지 않나 생각할 수 있습니다. 그렇지 않습니다. "병증은 널리 알려라."라는 말이 있듯이 조합 내 어려움을 조합원에게 공유함으로써 자원이 더 모이고 문제가 해결될 때가 많기 때문입니다. 그런 점에서 아래 글을 한번 같이 읽어봅시다.

처음에 출자했다고 주인이 아니다. 위기에 처한 조합을 걱정하고 그 해결을 위해 기여를 할 때 비로소 주인이 되는 것이다. 협동조합 가게가 열리면 당연히 뿌듯하다. 스스로 주인됨의 마음가짐이 생기고, 가게에 들러 가져다놓은 방석이며 머그잔을 둘러보며 위기를 이겨낸 시간들이 자랑스럽고 대견하다. 무엇보다 자신이 진짜 조합의 주인이 된 걸 실감한다.

평소에는 조합이, 마을기업이 잘 돌아가는 줄 안다. 가게 꼬박꼬박 문 열리고, 가끔 둘러보면 사람들이 제법 앉아 있으니 그럭저럭 되는 줄 안다. 그러니 알려야 한다. 결정적인 위기가 닥치기 전에 소소한 위기나 어려움들을 조합원들에게 수시로 알려야 한다.

그런데 동네 남자들은 대체로 잘해보려는 의지가 강해 좀처럼 위기를 인정하려 들지 않는 경향이 있다. 위기의 징조가 보이고 급기야 위기가 찾아와도 어떻게든 알아서 해결해보려 끙끙댄다. 그러다가 수습 불가능한 지경에 이르러서야 실토하곤 한다. 병은 소문을 내야 한다지 않던가? 비슷한 이치다. 소소한 위기나 어려움도 수시로 조합원들에게 알려서 조합원들이 '주인 되기'를 할 수 있도록 초대해줘야 한다.

– 《도시에서 행복한 마을은 가능한가》(유창복, 휴머니스트, 2014), 169~170쪽

어떠세요? 저자는 스스로 참여하며 함께 답을 찾아가는 주인을 만들기 위한 비법으로 조합원들에게 어려운 점도 주저 말고 알릴 것을 권합니다. 협동조합의 힘은 조합원을 관람객이나 평론가, 방관자로 남겨두지 않고 끊임없이 주인으로 만들기 위해 노력하는 과정에서 나오기 때문이죠.

설립과정에 발생하는 '가치 대 수익' 의사결정으로 인한 갈등 연습문제

이제 몇 가지 사례를 통해 본격적으로 갈등을 풀어가는 연습을 해보겠습니다. 다음과 같은 가상의 상황에 대해 서로의 생각을 얘기해보도록 하겠습니다. 여러분이 이미 경험하고 있는 문제일 수도 있고 앞으로 겪을 문제일 수도 있습니다. 실제 상담을 하면서 많이 접하는 문제입니다.

앞서 얘기했듯이 각 협동조합마다 상황이 다르고 하나의 정답이 있는 문제는 아니니 서로의 생각을 나눠보며 해결책을 모색해보시기 바랍니다.

발기인들이 모여 가치관 공유 및 정관 작성, 사업범위를 모두 정했습니다. 일사천리로 척척 진행되어간다는 느낌이 들 때쯤 문제가 생겼습니다.

세부적인 사업계획을 작성하던 중, 다음해까지 사용 가능한 재원과 발기인들의 필요성을 고려할 때, A사업과 B사업이 중점적으로 제기되었는데 이 두 사업을 다 하기에는 어렵고 둘 중 하나를 선택해야 하는 상황이 생긴 것이죠.

먼저 A사업은 조합의 수익 증진에는 부합하되, 우리가 추구하는 가치와는 다소 상반되는 부분이 있습니다. 반면 B사업은 조합의 수익 증진에서는 A보다 부족하지만, 발기인들이 공유하고 추구하고자 하는 가치와 부합합니다.

우리는 내부적으로 의견이 반반으로 갈렸습니다. 나는 어떤 선택을 할까요?

어떠세요? 내가 생각하는 것처럼 다들 선택할 거라고 믿었는데 다들 다른 관점으로 얘기하죠? 협동조합 워크숍을 하면서 많이 물어보게 되는 질문입니다. 협동조합을 시작한 본래의 목적에 충실해야 하기에 어렵더라도 우리의 가치를 중심으로 사업을 사고하겠다는 사람과, 지속가능한 체계를 만들어야 가치 실현도 가능하기에 우선 매출과 수익을 보장해주는 사업을 먼저 선택하겠다는 사람으로 나뉩니다. 또 우리 내부적으로 선택이 어려울 때는 외부 자문위원의 의견을 듣고 선택하겠다는 의견도 나옵니다. 정답은 없는 문제이죠. 여러분 협동조합만의 의사결정 체계를 만들어가는 게 중요할 것입니다. 여러분이 앞으로 하려는 사업이 가치 대 수익으로 명확하게 나눠지면 더 판단이 쉬울 수 있겠지만 흑백으로 나눠지 않는 회색의 영역이 더욱 많기 때문입니다.

사업진행하며 발생하는 의사결정 갈등에 대한 연습문제

두 번째 의사결정 과정에서의 문제는 더욱 흔하게 발생하는 문제입니다. 이 사례에 대해서는 정말 다양한 의견들이 나옵니다.

협동조합을 설립하고 이제 본격적인 사업을 시작했습니다. 사업의 기회를 포착하던 중 우리에게 맞는 공모사업이 나왔습니다. 경쟁 입찰인데, 내부적으로 A안과 B안이 나왔습니다. 오랜 동안의 내 사업적 경험을 바탕으로 발주 내용을 꼼꼼히 검토한 결과 A안이 맞다고 생각해 제안을 했습니다.

그런데 다른 조합원들은 모두 B안을 지지하고 있습니다. 내가 열심히 다른 조합원들을 설득했지만 결국 B안으로 가결되어 입찰했습니다.

결과는? 우리 협동조합은 탈락했습니다. 업체 내부 관계자에게 개인적으로 물어보니 A안으로 했을 경우 선정되었을 거라고 합니다. 아쉽지만 어쩔 수 없이 하고 마음에 묻어두었습니다.

그런데 다시 얼마의 시간이 지나 다른 공모사업에 입찰하려고 하는데, 이게 웬일? 또다시 의견이 갈립니다. 이번에도 C안과 D안이 나왔고, 나는 C안이 맞다고 생각하지만 다른 조합원들은 D안을 밀고 있습니다.

나는 어떻게 해야 할까요?

민주적 의사결정을 해야 할 부분도 있지만 기술적으로 판
단해야 할 문제도 있습니다. 경쟁 입찰 사업계획안의 경우에는
후자에 속하기에 내외부 전문가의 판단에 맡겨야 한다는 의견
이 나옵니다. 그런가 하면 위 사례에서 전문성과 사전정보를
갖고 있는데도 처음에 조합원들이 모두 돌아섰다면, 이는 그동
안 다른 조합원과의 소통에서 문제가 있었기 때문이라고 지적
하는 사람도 나옵니다. 사람이 이성적인 것만은 아니기에 감정
적으로 서로 쌓인 부분들도 많지 않았을까 하는 지적도 나옵
니다. 업무시간 이후나 휴일에 사적으로 만나 내 의견을 솔직
하게 얘기하고 친해지는 과정도 필요하겠다는 의견입니다. 더
불어 앞서의 '수익 대 가치'의 논쟁처럼 우리 안에서 충분히 해
결되지 않은 문제에 대해 자문위원회를 통해서 객관화시키자
는 의견도 나옵니다. 이 역시 여러분이 사업을 진행하는 과정
에서 부딪히게 되는 여러 논쟁사항들을 어떻게 풀어갈까에 대
한 여러분만의 체계를 잡아가는 과정입니다.

협동조합의 회의 셋
: 총회, 이사회, 운영위원회

협동조합은 "공통의 필요를 사업을 통해 이뤄내는 규칙 있는 모임"이라고 정의해봤지요. 여기서 마지막 키워드인 '모임'에 대한 설명을 해보겠습니다.

협동조합 모임은 친목 모임만이 아니라, 사업과 조직에 대해 중요한 의사결정을 하는 회의도 포함되어 있습니다. 협동조합에서는 크게 3개의 회의가 있습니다. 총회, 이사회, 운영위원회입니다. 총회는 전체 조합원이 모여서 의사를 결정하는 회의, 이사회는 이사들이 모여서 의사를 결정하는 회의, 운영위원회는 운영위원들이 모여서 의사를 결정하는 회의입니다.

이러한 회의를 협동조합기본법에서는 '기관'으로 표현하고 있습니다. 마치 국회(國會)가 국민이 선출한 의원들로 구성된 회의로서 헌법기관인 것처럼요.

협동조합을 해나가기 위해서는 이러한 협동조합만의 회의 체계를 이해하고 회의 틀을 갖춰가는 일이 매우 중요합니다. 협동조합 활동은 회의에서 시작해서 회의로 끝난다고 해도 과언

이 아니기 때문입니다. 앞서 연습해본 의사소통 방식을 잘 익혀서 민주적이면서도 효율적인 회의를 진행할 수 있어야겠죠?

먼저 총회에 대해서 설명을 드리겠습니다. 총회란 모든 회의들을 총괄하는 회의로, 최소 1년에 한 번 이상 열도록 되어 있습니다. 총 조합원의 과반수 출석과 출석자 과반수의 찬성으로 의결되는데, 정관 변경 및 협동조합의 합병·분할·해산 등 특별히 중요한 안건에 대해서는 과반수 출석과 출석 조합원의 2/3이상 찬성으로 강화되어 있습니다. 즉 중요한 안을 최종적으로 승인하는 등 전체 조합원들과 반드시 공유하여 결정해야 하는 중요 안건을 결정하는 회의이죠.

다음으로 총회 아래에 이사회를 두어 좀 더 신속성을 담보하여 업무를 집행할 수 있도록 해두었습니다. 이사회는 임원인 이사가 조합의 대표성을 가지고 먼저 총회에 올릴 안건을 논의해서 안을 만들고, 신속히 집행되어야 할 부분은 직접 결정하는 회의입니다. 그래서 정관과 규약은 총회에서 결정하고, 규정은 정관, 규약에 비해 경미한 내용이어서 이사회에서 정하도록 하는 것이죠. 10인 미만의 경우 법상 이사회를 두지 않을 수도 있습니다. 총회와 이사회가 거의 일치하기 때문입니다. 하지만 총회와 이사회의 위상이 다르기에, 대체로는 10인 미만의 경우에도 이사회를 두기를 권해드립니다.

마지막 회의로 협동조합기본법상의 필수적인 의결기관은 아니지만 통상적으로 만드는 운영위원회가 있습니다. 이사회는 이사들의 모임으로서, 모든 조합원들이 이에 속하지 않기에 조합원들의 의사를 반영하기 어려울 수 있습니다. 따라서 운영위원회를 통해 이를 보완하고, 구성원들의 역할을 분배하도록 합니다. 즉 조합원들의 역량과 관심사에 따라 각기 다양한 운영위원회에 속해 개별 모임을 진행하는 것이죠. 이때 운영위원회는 협동조합 사업의 주제에 따라 나뉘기도 하고(○○사업위원회, ○○사업위원회 등), 조직 내의 기능에 따라 나뉘기도(교육위원회, 사업위원회, 홍보위원회 등) 합니다.

여러분이 Step 1에서 지금까지 논의한 우리 협동조합의 목표, 해야 할 사업, 최소 출자금 액수, 갈등을 해결하기 위한 규칙 등은 모두 총회, 이사회, 운영위원회를 거치며 논의되고 결정됩니다.

예를 들어볼까요? 한 명의 조합원이 협동조합에 새로운 사업을 제안하고 싶습니다. 먼저 해당되는 운영위원회에 찾아가 설명을 하고 논의를 합니다. 이렇게 논의된 내용이 이사회에 올라갑니다. 그리고 새로운 사업을 추가하기 위해 총회를 열기도 합니다.

또는 거꾸로 이뤄지기도 합니다. 전체 조합원이 모여서 총회를 열어 새로운 사업을 하기로 결정한 후 앞에서처럼 정관을 변경합니다. 이 사업의 구체적인 내용과 방향을 정하기 위해 이사회를 소집해 논의를 합니다. 이사회에서는 좀 더 세부적인 내용을 논의하고 실행하도록 해당되는 운영위원회에 위

임합니다. 운영위원회에서는 이 사업과 관련해 적극적으로 일을 할 수 있는 조합원을 참여시켜 논의를 합니다.

이상 총회, 이사회, 운영위원회의 정의와 결정사항을 표로 정리하면 다음과 같습니다. 그럼 여러분 협동조합에서는 어떤 운영위원회가 필요하고 어떤 역할을 해나가야 할지 논의해보세요.

종류	정의	결정사항
총회	협동조합의 의사를 결정하는 필수적 최고의결기관	▪ 총 조합원의 과반수 출석과 출석 조합원의 과반수가 찬성해야 하는 사항 • 규약의 제정·변경 또는 폐지 • 임원의 선출과 해임 • 사업계획 및 예산의 승인 • 결산보고서의 승인 • 감사보고서의 승인 • 총회의 의결을 받도록 정관으로 정하는 사항 • 그밖에 이사장 또는 이사회가 필요하다고 인정하는 사항 ▪ 총 조합원의 과반수 출석과 출석 조합원의 2/3 이상 찬성해야 하는 사항 • 정관의 변경 • 협동조합의 합병·분할·해산 또는 휴업 • 조합원의 제명
이사회	협동조합의 업무집행에 관한 의사를 결정하는 필수적 의결기관	• 협동조합의 재산 및 업무집행 • 총회의 소집과 총회에 상정할 의안 • 규정의 제·개정 및 폐지 • 사업계획 및 예산안 작성 • 법령 또는 정관에서 정한 이사회 의결사항 • 기타 중요사항 또는 이사장이 부의하는 사항
운영위원회	법상 필수적 의결기관은 아님. 사업과 조직 내 기능에 따른 소모임	• 조합의 통상적인 활동과 집행력을 담보하는 역할을 함. • 사업에 따른 분류: ○○사업위원회, ○○사업위원회 • 기능에 따른 분류: 교육위원회, 사업위원회, 홍보위원회 등

회의에서 결정된 내용은
누가 집행할까요?

그럼 여기서 의문이 생깁니다. 열심히 의사결정을 했는데 이건 누가 진행하는 거지? 직원을 뽑아서 하는 경우도 있지만 많은 협동조합들이 초기에 직원을 뽑기 힘들 수 있습니다. 그럼 누가 하겠어요? 바로 여러분이죠. 협동조합은 조합원들이 함께하는 것입니다. 벌써 잊지는 않으셨죠? Step 4에서 얘기했던 협동조합의 원칙, 조합원의 경제적 참여를요. 결국 협동조합은 여러분 스스로가 경제적으로 참여하면서 힘을 만들어내지 않으면 그 어느 누가 대신 해주지 않습니다. 협동조합은 선의만으로, 말만으로 움직이지 않습니다. 여러분이 앞서 도출한 '공통의 필요'는 여러분이 직접 경제적으로 참여하면서 이뤄낼 수 있습니다.

이 부분이 좀 더 와 닿도록 Step 5에서 작성한 1인당 최소 출자금처럼 1인당 최소 조합 일을 해야 할 시간을 다음 표를 통해 산출해보겠습니다.

항목	시간
1주일에 최소 필요한 총 노동시간	
1인당 최소 조합 일을 해야 할 시간	

어떠세요? 감당할 수 있는 시간인가요? 현실적으로 어렵다면 직원을 고용해야 합니다. 아니면 여러분이 계획했던 협동조합 사업의 규모를 줄이거나요. 다시 뒤로 돌아가서 사업계획서를 수정 · 보완해야 합니다.

사실 많은 협동조합에서 이렇게 1/n로 협동조합에 투여해야 할 시간을 정하지 않고 시작합니다. 그러다 보면 결국 이사장, 이사 등 임원이 더 많은 역할을 하게 됩니다. 그렇기에 표준정관의 "제4장 총회와 이사회"가 의결기관이라면 "제5장 임원과 직원"은 집행기관이 됩니다.

예를 들어 지금까지 여섯 번 만나면서 누가 중심이 되어서 날짜를 잡고 연락을 돌리고 준비를 해왔는지 살펴보세요. 아마 그 분이 이사장이 될 가능성이 클 겁니다. 그렇다면 막상 협동조합이 설립되어 운영이 되면 그분의 일이 줄어들까요? 그렇지 않습니다. 오히려 더 많아집니다. 이제 실제로 일이 돌아가야 하니까요. 외부 활동도 하게 되고 다른 조합원이나 이사가 미처 다 수행하지 못한 일들까지 처리하게 됩니다. 따라서 최대한 이사장에게 쏠릴 수 있는 실무 일을 조합원과 이사가 나눠 가져야 합니다.

또한 협동조합 차원에서 이사장을 비롯한 임원들에 대한 경제적, 심리적, 사회적 보상을 해야 합니다. 가급적 임원들에게 일한 만큼 수당을 주세요. 협동조합 초기에는 실제로는 그 수당보다 훨씬 더 많은 일을 하니 그 수당이 아깝지 않아요. 혹시 이 수당 받으면서 내가 임원 하겠다 싶으신 분 있으면 그 분에게 맡기세요.

그런데 현실적으로 수당 책정이 어려운 곳이 많을 거예요. 그럼 조합원 여러분, 임원들에게 "늘 수고한다, 정말 감사하다"란 칭찬과 격려 아끼지 마세요. 심리적 보상을 주는 것이죠. 많은 협동조합에서는 반대의 모습을 봅니다. 조합원들이 임원에게 "네가 먼저 하자고 하더니 이 꼴이 뭐냐?"라며 힘을 쫙 빼놓지 않나, "너희들끼리 짝짜꿍해서 우리가 낸 출자금 해먹는 거 아니냐?"라며 음해하는 경우도 있습니다. 돈도 받지 않고 욕만 먹으면 아무리 사명감으로 협동조합을 시작했던 임원이라도 손을 놓게 되어버립니다.

끝으로 열심히 하는 임원들을 지역사회에 널리 알려주세요. 이는 임원들에게 사회적 보상을 줄 뿐만 아니라 우리 협동조합에게도 좋은 일입니다. 임원들이 사회적으로 존경받는 인물이 되고 매스컴에 많이 나오면 우리 협동조합의 명성도 함께 높아지고 그러면 Step 5에서 논의했던 판로개척도 더 수월해질 수 있기 때문입니다.

역할을 정해보자

이제 마지막으로 각자의 역할을 정해봅시다. Step 5에서 각자가 가진 자원과 역량을 얘기하고 출자 여력 등을 얘기해 보긴 했지만 명확하게 책임과 역할에 대한 이야기를 나누지는 않았습니다.

먼저 아래와 같이 다양한 측면에서 어떤 역할들이 필요한지 얘기해보시기 바랍니다. 아직은 임원을 누가 할지 바로 정하지 말고 좀 더 폭넓게 역할로 논의해보겠습니다.

구분	내용
우리 협동조합에 꼭 필요한 역할	
내가 기여할 수 있는 역할	
필요하지만 내가 하기 힘든 역할	
공동으로 했으면 하는 역할	
역할을 정할 때의 기준	

어떤 역할들이 나왔나요? 대체로 협동조합 초기 설립 멘토링을 하다 보면 회계, 서류정리 역할이 모두 필요하다고 하면서도 정작 다들 꺼려합니다. 여러분이 꺼려하는 역할이라면 그만큼 힘든 역할이라는 것이겠죠. 그렇다면 이 역할을 맡은 사람에게 인센티브를 주거나 다른 일에 있어서 부담을 덜어주는 게 필요할 것입니다. 따라서 이 논의를 하다 보면 서로가 가진 재능과 상대적으로 취약한 부분뿐만 아니라 동시에 다른 사람이 맡은 역할의 중요성도 알게 됩니다.

그래서 외국의 노동자협동조합 중에는 고도로 전문적인 일을 제외하고는 매년 조합원들이 논의해서 각자의 올해 직무와 노동시간을 정하는 곳이 있습니다. 이렇게 할 경우 앞서 얘기한 것처럼 각 역할의 중요성을 알게 될 뿐만 아니라 1년간 노동시간을 자율적으로 정할 수 있다는 장점이 있습니다. 그해 협동조합 사업에서 필요한 노동시간 총량을 정하고, 각자 하고 싶은 만큼 적어서 맞춰보는 거죠. 어떤 조합원은 그해에 자녀 학자금이 필요해서 일을 더 많이 해야 할 수도 있고, 어떤 조합원은 시간 여유를 가지고 싶어서 일을 더 적게 하고 싶을 수도 있으니까요. 이런 자율적 결정이 가능한 건 모든 조합원들이 돌아가면서 각 분야의 역할을 다 수행할 수 있기 때문이죠.

다음으로 여러분이 열거한 역할들을 협동조합 조직에 체계적으로 넣어봅시다. 협동조합 모임은 앞서 총회, 이사회, 운영위원회로 이뤄졌다고 설명드렸죠? 그 각각의 모임을 이끌어가

협동조합 회의방식, 총회·이사회·운영위원회, 임원의 역할

고 일을 해나가는 구성원들을 이사장, 이사, 감사, 운영위원장, 운영위원으로 설명해볼 수 있습니다.

먼저 이사장은 우리 협동조합의 대표입니다. 그렇다고 회사의 대주주와 같지는 않습니다. 이사장도 다른 모든 조합원들처럼 1표를 행사합니다. 그리고 임기도 제한되어 있습니다. 임원의 임기는 4년의 범위에서 정하도록 되어 있으며 이사장은 두 차례만 연임할 수 있습니다. 4년 임기라면 지자체장처럼 3선을 해서 12년까지 할 수 있겠죠. 하지만 이 조합원들의 1표들이 잘 행사될 수 있도록 리더십을 발휘하는 자리입니다.

그럼 대표로서 어떤 역할을 할까요? 협동조합법상 등기 등 행정적인 절차에 있어서 이사장이 신청인이 됩니다. 또한 이사장이 총회, 이사회 소집을 하고 의장 역할을 하도록 정해져 있습니다. 이를 위해 이사장은 총회 개최 7일 전까지 회의목적·안건·일시 및 장소를 정하여 정관으로 정한 방법에 따라 조합원들에게 알려야 합니다. 그렇기에 내부적으로 우리 협동조합의 모임이 잘 돌아가며 조합원들이 협동의 힘을 발휘하는 방향으로 잘 움직일 수 있도록 해야 합니다. 또한 외부에 우리 협동조합을 계속 알리고 다른 협동조합을 비롯해 지역의 민간 조직, 행정 조직과의 관계를 만들어가야 합니다. 물론 이 모든 활동은 이사, 조합원들과 끊임없이 논의하며 해나가야 합니다.

정말 할 일이 많죠? 앞에서도 언급했듯이 어느 협동조합이든 초기에는 이사장의 일이 많고 내외부 책임감도 크기에 최대한 소소한 실무적인 부분이라도 조합원과 이사가 나눠 가져야 합니다. 조직을 이끌어가는 리더십만큼이나 중요한 게 이를 뒷받침해주는 팔로워십이니까요.

다음으로 이사는 이사장과 함께 이사회의 구성원입니다. 앞에서 설명한 것처럼 총회 아래에 이사회를 두어 좀 더 신속성을 담보하여 업무를 집행할 수 있도록 하고 있습니다. 이사는 이사회에 참석하여 논의하고 결정된 내용을 이사장과 함께 집행해나갑니다. 운영위원회가 사업의 주제, 조직의 기능에 따라 구분되듯이 이사들도 각자 맡은 역할을 나눠볼 수 있습니다. 예를 들어 교육 담당 이사, 사업 담당 이사처럼요.

감사는 협동조합의 업무집행 상황, 재산 상태, 장부 및 서류 등을 감사하여 총회에 보고하는 역할을 합니다. 그리고 이사장 및 이사가 관계법 그리고 총회의 의결 등 협동조합에서 논의한 내용과 반하여 업무를 집행해나갈 때는 이사회에 시정을 요구하는 역할을 합니다. 내부의 통제장치인 거죠. 운영위원장은 앞에서 나눈 운영위원회의 리더로서 역할을 하고 운영위원은 여기에 속해서 운영위원회에 참석하고 결정된 내용을 집행합니다. 이사장-이사와 같은 구조이죠.

그럼 이제 여러분 차례입니다. 앞에서 논의한 역할 내용의 연장선에서 논의해가며 다음 표를 채워보세요.

구분	역할	사람
이사장		
이사		
감사		
운영위원장		
운영위원		
기타		

역할과 관련한 갈등
연습문제

끝으로 앞에서처럼 갈등 연습문제를 함께 논의해볼게요.

나는 이사장이다. 마음과 뜻이 맞는 이들이 모여 으쌰으쌰 협동조합을 설립했다. 다행히 생각보다 순조롭게 사업이 진행되고 있다.

그런데 모든 게 잘 풀려 순조롭던 와중에 문제가 생겼다. A조합원과 B조합원이 회의나 업무 중 사사건건 부딪히며 갈등을 빚고 있기 때문이다. 처음에는 서로 다소 불편한 사이구나 정도로 앞으로 더 신경 쓰자 하고 넘어갔는데 갈수록 심각해지고 있다.

사실 A조합원은 우리 조합이 추구하는 가치에는 별반 동의하지 않는 편이었지만 사업 수완이 뛰어나고 일을 열심히 하는 편이다. 반면 B조합원은 처음 이 조합의 필요성을 주장하고 사람들을 모았으며 지역사회에서 존경받는 인사다. 다만 실제 일을 함에 있어선 미숙한 부분이 많다.

이런 상황에서 A는 B가 매번 말뿐이고, 실제로는 작은 일 하나 제대로 못 한다고 불만이다. 반면 B는 A가 우리 협동조합의 전체 그림을 보지 못하면서 돈만 벌려고 한다고 불만이다.

갈등의 골이 깊어지자 조합 내부적으로 A와 B를 주축으로 파벌도 생기려 한다.

이때, 나는 어떻게 할 것인가?

어떠세요? 여러분만의 해답을 찾았나요? 역시나 다양한 의견들이 나오죠. 제가 들었던 가장 재미난 답은 "내가 이사장을 사임하고 B조합원에게 이사장 역할을 준다."였습니다. 대체로는 서로의 역할에 대한 존중과 이해하는 시간을 두기 위해 대화의 시간을 갖거나 역할 바꾸기를 제안했습니다. 또는 이렇게 갈등의 골이 깊어지면 함께하기 어렵고 그렇다면 A조합원이나 B조합원 중 하나를 택할 수밖에 없다고 얘기한 사람도 있었고요.

이와 관련해 더 깊게 생각해볼 수 있도록 〈TeamWork 토끼와 거북이 신버전〉(https://youtu.be/pazQkoyrR1U) 영상을 함께 보시기 바랍니다. 이 동영상에서는 우리가 익히 알고 있는 토끼와 거북이 이야기 외에 다른 버전이 나옵니다. 토끼가 작정하고 열심히 달리고 중간에 게으름도 피우지 않아 매번 이기자 거북이는 꾀를 내어 새로운 코스를 제안합니다. 이 코스에서는 중간에 넓은 강이 있습니다. 토끼가 아무리 빨라도 강을 건널 수 없기에 엉금엉금 거북이가 토끼를 따라잡은 다음 강을 건너 이기게 됩니다. 그리고 마지막 버전이 나옵니다. 강을 끼고 있는 코스에서 거북이와 토끼가 힘을 합치는 버전입니다. 들판에서는 토끼가 거북이를 업고 빠르게 달리고 강에서는 거북이가 토끼를 업고 갑니다. 그리고 둘은 더할 나위 없이 만족했다라고 결론이 나오며 이 영상의 교훈을 다음과 같이 말해줍니다.

개인적으로 뛰어난 능력을 갖는 것과 핵심역량을 갖는 건 중요하다. 하지만 당신이 팀을 이뤄 일하지 않고, 개인의 역량을 합쳐 일하지 않는다면 당신도 그렇고 다른 이도 열악한 능력을 발휘하는 상황이 된다. 결국 항상 평균에도 미치지 못하는 성과를 내게 된다.

따라서 팀워크는 주로 상황에 따른 리더십이다. 상황에 따라 관련한 핵심역량을 가진 사람이 리더십을 갖도록 하는 것이다.

앞서 연습문제에서 나온 A조합원과 B조합원은 각기 다른 역량을 가졌으며 이는 상황에 따라 다르게 발휘됩니다. 어떤 상황에서는 A조합원이 더 맞는 핵심역량을 가지고 있고 어떤 상황에서는 반대로 B조합원이 더 적합한 핵심역량을 가지고 있습니다. 사업의 실무적인 일을 진행할 때는 A조합원이 주도를 할 수 있어야 하고, 지역사회와 관계를 맺을 때는 B조합원이 주도를 할 수 있어야 합니다. 최상의 결과를 발휘하는 팀워크는 상황에 따른 리더십이기 때문입니다.

우리가 협동한다는 것은 단지 모두가 똑같은 일을 열심히 한다는 것만은 아닙니다. 각기 다른 상황마다 그 상황과 관련한 핵심역량을 가진 사람이 중점적으로 이끌어갈 수 있도록 하고 서로의 핵심역량을 존중하는 방식이 필요합니다.

협동조합을 시작하는
여러분을 응원하며 마칩니다

어떠세요? 마지막 회차까지 오니 협동조합이 조금 더 와 닿나요? 처음에 생각했던 협동조합 상과 많이 비슷한가요? 지치신 분도 있을 테고 '협동조합, 이거 우리가 하는 게 맞을까?' 하며 더 혼란스럽게 느껴지는 분들도 있을 겁니다.

그럼 이렇게 설명하고 있는 저는 협동도 잘하고 협동조합도 잘 설립하고 운영하는 사람일까요? 그렇지 않습니다. 부끄럽지만 타인과 논의 과정에서 고집 부릴 때도 있고, 서로 간의 핵심역량을 잘 맞춰가지 못할 때도 있습니다. 또 협동조합 설립도 함께하고, 여러 협동조합들의 이사, 감사, 운영위원 등 다양한 역할을 해왔지만 돌이켜보면 이불킥 할 정도로 실수담도 많고 아쉬운 부분도 많습니다. 그런 점에서 이 책에는 제가 겪거나 옆에서 지켜본 수많은 시행착오들이 담겨 있습니다.

책의 도입부에서 이야기했던 것처럼 저는 2013년 서울시 협동조합지원센터 동남권 센터장을 시작으로 8년 동안 천 번에 가까운 협동조합 강의를 하며 늘 어떻게 하면 협동조합을 쉽고 재미나게 알릴 수 있을까 고민해왔습니다. 협동조합의 원리를 쉽게 이해할 수 있는 영상도 찾고 여러 책들을 보며 강의 자료도 만들었고요. 이 책 역시 그 연장선에서 만들어서 여러분과 7단계를 거치며 협동조합을 이해할 수 있도록 노력했고요. Step을 7개로 구성한 이유는 협동조합 설립을 준비하는 사람들이 최소한 7번의 만남을 가졌으면 하는 바람도 담겨 있습니다.

전 협동조합이 갖는 민주주의가 좋고, 사람들의 삶에 가장 와 닿는 경제를 민주적으로 풀어가면서 시민들에게 체감되는 생활 속 민주주의를 만들어가는 데서 매력을 느낍니다.

그렇지만 동시에 협동, 민주주의, 사회적경제, 공동체 모두 과정이라고 생각합니다. 우리가 지금까지 논의한 대로 정말 협동조합답게, 그리고 정말 민주적인 조직으로 100% 완벽하게 구현되는 협동조합이 있을까요? 자신하건대 없다고 생각합니다. 끊임없이 그 방향을 향해 나아가는 것일 뿐이죠. 그렇기에 오늘 여러분 협동조합의 조직구조가 완벽하게 정리되지 않았다고 해서, 갈등에 대한 고민이 100% 풀리지 않았다고 해서 너무 실망하지 마시고 함께 가는 이 과정에서 옆의 동료들을 살피며 열 사람의 한 걸음을 만들어가세요. 다음 글은 이러한 내용이 잘 담겨 있어 소개해드립니다.

물론 존재하고 실현되는 민주주의의 장이 되기를 소망하는 〇〇〇조합에서도 능력과 경험의 차이는 엄존한다. 이를테면 나는 우리의 '이사장'이, (이번 롤링펀나이트를 기회로 닉네임이 된 것 같다) 사회생활과 비즈니스 전반에서 나보다 뛰어난 식견과 경험과 능력을 가졌음을 인정하며 때문에 그의 조언과 결정을 신뢰하고 있다.

그러나 나는 그에게 복종하지 않는다. 뿐만 아니라 개개의 사안에서 어설픈 나의 의견을 제시하거나 그의 의견에 의문을 품을 자유가 내게 있음을 믿어 의심치 않는다. 어찌 말하면 어떤 사안에서, 〇〇〇조합은 전문가와 비전문가가 동등한 자격으로 토론할 수 있는 상황을 허락한다고도 볼 수 있다. 이는 분명히 효율성을 해칠 가능성이 있다. 결국엔 전문가의 초안대로 되고야 말았을 일을 지연시킬 가능성이 분명히 있다. 평범한 생활감각을 가진 우리들이, 민주주의라는 것을 활자 이상으로 진지하게 받아들여 행동의 지침으로 삼아 관철시키려 할 때 당황하는 것도 이 지점이다. 민주주의는 일을 빠르게 하는 데 조금도 도움이 되지 않을 때가 분명히 있다!(사실, 민주주의가 그 반대 방향으로 동력을 공급하는 경우가 하나라도 있을까?) … (중략) …

그러나 사람을 항상 전문가와 비전문가로 나누고, 그것이 특정 사안뿐 아니라 모든 사안에서 서열화, 위계화되고, 영향력과 발언권과 의사결정권이 불균등하게 분배되어 결국 구성원의 자기효능감을 깎아먹을 때, 그리하여 하나의 조직에서 민주주의가 장기적으로 지속 가능하지 않을 때, 그 조직 역시 지속 가능하지 않으리라고 나는 장담할 수 있다. 특히 협동조합의 문제로 오면, 협동조합은 무릇 그 지속 가능성을 효율성이나 이윤창출보다 앞자리에 두어야 마땅한 조직이다. 민주주의란 우리 모두가 대등한 자임을 인정하는 일이며, 협동은 바로 그 대등한 사람끼리 비로소 가능한 것인데, 민주주의를 포기하는 것은 즉 협동조합의 죽음이 아닌가?

– [롤링펀나이트 후기] 민주주의는 나를 구원했는가?

책을 통한 여러분과의 여정은 끝났지만 협동조합 강의, 컨설팅 현장에서 계속 만나며 함께 배우고 함께 실천해가겠습니다. 협동조합인들을 응원하며.

조합원에 의한 민주적 관리 Democratic Member Control

협동조합은 조합원에 의해서 관리되는 민주적인 조직으로서 조합원은 정책수립과 의사결정에 적극적으로 참여한다. 선출된 임원은 조합원에게 책임을 지고 봉사한다. 단위조합에서 조합원은 동등한 투표권을 가지며(1인 1표), 연합단계의 협동조합도 민주적인 방식으로 조직된다.

오늘 함께 얘기할 원칙은 조합원에 의한 민주적 관리입니다. 조합원은 출자좌수에 관계없이 각각 1개의 의결권과 선거권을 가진다고 명쾌하게 표현되어 있지만, 이를 제대로 구현한다는 게 생각보다 어렵다는 부분을 많이 이해하게 되셨죠? 그럼에도 우리가 협동조합을 하기로 한 이상 조합원들이 의결권과 선거권을 제대로 행사해 우리 협동조합의 힘을 만들어내기 위해 노력해나가야 할 것입니다.

| 협동조합기본법 관련 조항 |

제23조(의결권 및 선거권)

① 조합원은 출자좌수에 관계없이 각각 1개의 의결권과 선거권을 가진다.

'모임'과 관련한 정관

모임과 관련한 정관은 제4장 총회와 이사회, 제5장 임원과 직원입니다. 제28조~제60조까지 33개 조문인데 정관의 전체 조문이 73조이니 절반 가까이 차지하는 방대한 내용입니다. 따라서 많은 분들이 여기서 정관 읽기를 포기하기도 합니다. 하지만 이 조문들은 실제 총회, 이사회를 하고 임원을 선임하고 임원이 활동하는 데 기준이 되는 중요한 내용들입니다. 그럼에도 아직 협동조합을 운영하지 않은 사람들에게는 와 닿지 않을 거예요. 따라서 우선은 아래 주요 조문들을 함께 읽고 추후 실제 총회, 이사회 등을 준비할 때 또 읽어가며 구체적인 기준을 이해하실 것을 권해드립니다.

장	조
제4장 총회와 이사회	제28조(총회)
	제29조(대의원총회)
	제30조(대의원의 의무 및 자격상실)
	제31조(정기총회)
	제32조(임시총회)
	제33조(총회의 소집절차)
	제33조의2(조합원제안권)
	제34조(총회의 의결사항)
	제35조(총회의 의사)
	제36조(특별의결사항)
	제37조(의결권 및 선거권)
	제38조(대리인이 될 자격)
	제39조(총회의 의사록)
	제40조(총회의 운영규약)
	제41조(총회의 회기연장)
	제42조(이사회)
	제43조(이사회의 의결사항)
	제44조(이사회의 의사)
	제45조(이사회의 의사록)

장	조
제5장 임원과 직원	**제46조(임원의 정수)**
	제47조(임원의 선임)
	제48조(선거운동의 제한)
	제49조(선거관리위원회의 구성운영)
	제50조(임원등의 결격사유)
	제51조(임원의 임기)
	제52조(임직원의 겸직금지)
	제53조(이사장 및 이사의 직무)
	제53조의2(이사의 경업금지)
	제53조의3(이사와 협동조합 간의 거래)
	제54조(감사의 직무)
	제55조(감사의 대표권)
	제56조(임원의 의무와 책임)
	제57조(임원의 보수등)
	제58조(임원의 해임)
	제59조(운영의 공개)
	제60조(직원의 임면등)

제4장 총회와 이사회

협동조합 회의방식, 총회·이사회·운영위원회, 임원의 역할

제28조(총회) ① 조합은 총회를 둔다.(法)

　② 총회는 정기총회와 임시총회로 구분한다.

　③ 총회는 이사장과 조합원으로 구성하며, 이사장이 그 의장이 된다.(法)

제29조(대의원총회) ① 조합원의 수가 200인을 초과하는 경우 총회에 갈음하는 대의원 총회를 둘 수 있다.(法)

제31조(정기총회) 정기총회는 매년 1회 회계연도 종료 후 3개월 이내에 이사장이 소집한다.(法)

제32조(임시총회) ① 임시총회는 다음 각 호의 어느 하나에 해당하는 경우에 이사장이 소집한다.

　1. 이사장 및 이사회가 필요하다고 인정할 때

　2. 조합원이 조합원 5분의 1 이상의 동의를 받아 소집의 목적과 이유를 적

은 서면을 제출하여 이사장에게 소집을 청구한 때

3. 감사가 조합의 재산상황이나 업무집행에 부정한 사실이 있는 것을 발견하고 그 내용을 총회에 신속히 보고할 필요가 있다고 인정하여 이사장에게 소집을 청구한 때

제33조(총회의 소집절차) ① 이사장은 총회 개최 7일 전까지 회의목적·안건·일시 및 장소를 우편 또는 전자통신매체 등으로 각 조합원에게 통지하여야 한다.(法)

제33조의2(조합원제안권) ① 조합원이 조합원 5분의 1 이상의 동의를 받아 이사장에게 총회일의 2주 전에 서면으로 일정한 사항을 총회의 목적사항으로 할 것을 제안(이하 '조합원제안'이라 한다)할 수 있다.

제34조(총회의 의결사항) 다음 각 호의 사항은 총회의 의결을 얻어야 한다.(法)

1. 정관의 변경

2. 규약의 제정과 변경 또는 폐지

3. 임원의 선출과 해임

4. 사업계획 및 예산의 승인

5. 결산보고서(사업보고서, 대차대조표, 손익계산서, 잉여금처분안 또는 손실금처리안 등을 말한다. 이하 같다)의 승인

6. 감사보고서의 승인

7. 협동조합의 합병·분할·해산, 휴업 또는 계속

8. 조합원의 제명

9. 다른 협동조합에 대한 우선 출자

10. 탈퇴 조합원(제명된 조합원을 포함한다)에 대한 출자금 환급

11. 그 밖에 이사장 또는 이사회가 필요하다고 인정하는 사항

제35조(총회의 의사) ① 총회의 의사는 법령상 다른 규정이 있는 경우를 제외하고는 총 조합원 과반수의 출석으로 개회하고 출석조합원 과반수의 찬성으로 의결한다.(法)

제36조(특별의결사항) 다음 각 호의 사항은 조합원 과반수의 출석과 출석조합원 3분의 2 이상의 찬성으로 의결한다.(法)

 1. 정관의 변경

 2. 조합의 합병·분할·해산 또는 휴업 또는 계속

 3. 조합원의 제명

 4. 탈퇴 조합원(제명된 조합원을 포함한다)에 대한 출자금 환급

 5. 다른 협동조합에 대한 우선출자

제37조(의결권 및 선거권) ① 조합원은 출자좌수에 관계없이 각각 1개의 의결권과 선거권을 갖는다.(法)

제42조(이사회) ① 조합에 이사회를 둔다.(法)

 ② 이사회는 이사장 및 이사로 구성한다.(法)

 ③ 이사장은 이사회를 소집하고 그 의장이 된다.(法)

 ④ 이사회의 소집은 회의일 7일전까지 회의의 목적, 안건, 일시 및 장소를 기재한 서면을 각 이사에게 통지하여야 한다. 다만 긴급을 요하여 이사회 구성원 과반수의 동의가 있을 때에는 소집절차를 생략할 수 있다.

제43조(이사회의 의결사항) ① 이사회는 다음 각 호의 사항을 의결한다.(法)

 1. 조합의 재산 및 업무집행에 관한 사항

 2. 총회의 소집과 총회에 상정할 의안

 3. 규정의 제정과 변경 및 폐지

 4. 사업계획 및 예산안 작성

5. 간부 직원의 임면 승인

6. 그밖에 조합의 운영에 중요한 사항 또는 이사장이 부의하는 사항

제44조(이사회의 의사) ① 이사회는 구성원 과반수의 출석으로 개회하고 출석

이사 과반수의 찬성으로 의결한다.(法)

제5장 임원과 직원

제46조(임원의 정수) ① 조합의 임원으로 이사장 1명을 포함한 3명 이상 ○○

명 이내의 이사와 1명 이상 ○명 이내의 감사를 둔다.

제51조(임원의 임기) ① 임원의 임기는 ○년으로 한다.

② 임원은 연임할 수 있다. 다만, 이사장은 두 차례만 연임할 수 있다.(法)

제52조(임직원의 겸직금지) ① 이사장은 다른 조합의 이사장을 겸직할 수 없다.(法)

제53조(이사장 및 이사의 직무) ① 이사장은 조합을 대표하고 이사회의 결정에

따라 조합의 업무를 집행한다.(法)

② 이사는 이사장을 보좌하며 조합의 업무를 집행한다.(法)

제53조의2(이사의 경업금지) ① 이사는 조합원 전원의 동의를 받지 아니하고는

자기 또는 제3자의 계산으로 조합의 영업부류에 속한 거래를 하지 못하며,

같은 종류의 영업을 목적으로 하는 다른 회사의 이사 또는 집행임원이 되지

못한다.(法)

제53조의3(이사와 협동조합 간의 거래) 이사는 조합원 과반수의 결의가 있는 경

우에만 자기 또는 제3자의 계산으로 조합과 거래를 할 수 있다. 이 경우에는

민법 제124조를 적용하지 아니한다.(法)

제54조(감사의 직무) ① 감사는 연 ○회 이상 조합의 업무집행 상황, 재산상태,

장부 및 서류 등을 감사하여 총회에 보고하여야 한다.(法)

② 감사는 예고 없이 조합의 장부나 서류를 대조 확인할 수 있다.(法)

③ 감사는 이사장 및 이사가 법령·정관·규약·규정 또는 총회의 의결에 반하여 업무를 집행한 때에는 이사회에 그 시정을 요구하여야 한다.(法)

제56조(임원의 의무와 책임) ① 임원은 법령과 조합의 정관, 규약, 규정 및 총회와 이사회의 의결을 준수하고 조합을 위하여 성실히 그 직무를 수행하여야 한다.(法)

② 임원이 법령 또는 정관을 위반하거나 그 임무를 게을리하여 조합에 손해를 가한 때에는 연대하여 그 손해를 배상하여야 한다.(法)

제57조(임원의 보수등) 상임임원의 보수 및 상임임원을 제외한 임원의 여비 기타 실비변상에 대해서는 규정으로 정한다.

제58조(임원의 해임) ① 조합원은 조합원 5분의 1 이상의 동의로 총회에 임원의 해임을 요구할 수 있다.(法) 이 경우 해임에 동의하는 조합원은 해임의 이유를 서면으로 총회의 의장에게 제출하여야 한다.

제59조(운영의 공개) ① 조합은 결산결과의 공고 등 운영사항을 적극 공개하여야 한다.(法)

② 조합은 정관·규약·규정과 총회·이사회의 의사록, 회계장부 및 조합원 명부를 주된 사무소에 비치하여야 한다.(法)

③ 결산보고서는 정기총회 7일 전까지 주된 사무소에 비치하여야 한다.

④ 조합원과 조합의 채권자는 제2항 및 제3항의 서류의 열람 또는 그 사본을 청구할 수 있다.(法)

여러분은 3장을 통해 정관 사본, 창립총회 개최 공고문, 창립총회 의사록, 임원 명부를 작성할 수 있게 되었습니다.

이중 창립총회 의사록 샘플을 보겠습니다. 세부적인 내용은 빼고 전체 틀을 소개하는 차원에서 보여드립니다. 1장에서 알려드린 서울시협동조합 지원센터(https://www.15445077.net/)의 '협동정보 〉 협동조합서류'에 전체 내용이 담긴 창립총회 의사록 샘플이 있으니 실제 총회를 할 때는 이를 참고해서 작성해보시기 바랍니다.

○○○ (사회적)협동조합 창립총회 의사록

1. 총회 개최 공고일 :

2. 총회일시 및 장소
　일시 :
　장소 :

3. 참석자
　재적 설립동의자 :
　참석 설립동의자 :

4. 총회 안건

- 제1호 의안. 정관 승인의 건

- 제2호 의안. 사업계획(안) 및 수입·지출예산(안) 승인의 건

- 제3호 의안. 임원 선출의 건

- 제4호 의안. 설립경비 등 기타 설립에 필요 안건

5. 총회 내용

가. 발기인대표 ○○○가 (임시)의장으로 회의를 진행하다.

나. 성원 보고와 개회 선언

다. 의사록 서기 지명과 기명날인인 선출

라. 의사일정 확정

마. 제1호 의안. 정관 승인의 건

(예시)

- 의장이 ○○○조합원에게 정관에 대해 설명해 줄 것을 요청하다.

- ○○○조합원이 정관의 목적, 조합의 책무, 조합원의 자격 등 각 조항에 대해 배경과 내용을 설명하다.

- 의장이 정관에 대해 질문이 있는지 묻다.

- △△△조합원이 정관 제○조에서 '○○○○'를 '△△△△'로 수정하자는 제안을 하다.

- 의장이 정관 제○조, 제○○조 제○항의 수정안에 대해 조합원의 동의와 재청을 묻다.

- ◇◇◇ 조합원의 재청, 전원 동의로 수정안이 성립되다.

- 의장이 정관 제○조, 제○○조 제○항를 제안과 같이 수정하여 정관을

협동조합 회의방식, 총회·이사회·운영위원회, 임원의 역할

확정하는 것에 대한 승인을 묻고, 조합원 전원의 동의로 수정안을 수정하고 정관을 확정하다.

바 제2호 의안. 20○○년 사업계획(안) 및 수입·지출예산(안) 승인의 건

사. 제3호 의안. 임원 선출의 건

아. 제4호 의안. 설립경비 등 기타 설립에 필요 안건

자. 폐회 선언

20 .   .   .

○○○ (사회적)협동조합 창립총회

이사장 ○○○(인)

의사록 기명날인인 ○○○(인)

의사록 기명날인인 ○○○(인)

의사록 기명날인인 ○○○(인)

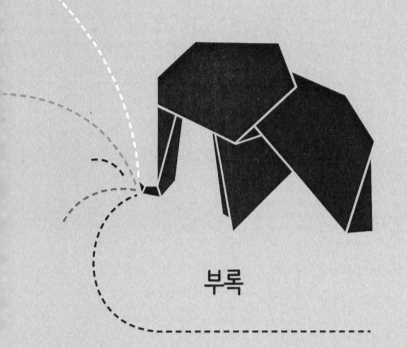

부록

표준정관

표준정관은 협동조합포털(coop.go.kr) 자료실에 올라온 2021년 2월 8일 〈협동조합 정관 작성방법 및 작성예시〉 자료를 토대로 했습니다. 협동조합기본법이 개정될 경우 표준정관의 내용도 바뀔 수 있기에 협동조합 설립 신고·인가 전에 중간지원조직에 꼭 연락을 해서 확인해보시기 바랍니다. 아울러 아래 내용은 일반협동조합을 기준으로 한 것으로 사회적협동조합, 협동조합연합회의 경우 다른 부분이 있기에 이도 참고해주시기 바랍니다.

표준정관은 가급적 모든 조문을 조합원들이 함께 돌아가면서 낭독하시길 권해드립니다. 그동안의 모임에 대한 복습도 되고요. 읽으면서 이해가 잘 되지 않으면 자료를 찾아보고 다른 의견이 있는 경우 함께 얘기도 해보세요. 시간이 정말 없는 경우 굵게 표시한 부분만이라도 읽기를 권해드립니다.

조문을 읽기 전에 전체 개괄을 봐주세요. 여러분이 구조적으로 쉽게 접근할 수 있도록 정관을 필요(제1장 총칙, 제2장 조합원), 사업(제3장 출자와 경비부담 및 적립금, 제6장 사업과 집행, 제7장 회계), 모임(제4장 총회와 이사회, 제5장 임원과 직원), 기타(제8장 합병·분할 및 해산)로 나눴습니다. 이 책에서 협동조합에 대해 설명한 1장 필요, 2장 사업, 3장 규칙 있는 모임에 따른 분류입니다. 실제로 정관을 작성할 때에는 장별 순서에 따라 하셔야 합니다. 또 1장의 조문들은 기타 사항에 해당하는 경우가 많지만 큰 틀에서 필요로 묶었습니다.

I. 필요(Step 1, Step 2)

장	조
제1장 총칙	제1조(설립과 명칭)
	제2조(목적)
	제3조(조합의 책무)
	제4조(사무소의 소재지)
	제5조(사업구역)
	제6조(공고방법)
	제7조(통지 및 최고방법)
	제8조(공직선거 관여 금지)
	제9조(규약 또는 규정)
제2장 조합원	**제10조(조합원의 자격)**
	제11조(조합원의 가입)
	제12조(조합원의 고지의무)
	제13조(조합원의 책임)
	제14조(탈퇴)
	제15조(제명)
	제16조(탈퇴·제명조합원의 지분환급청구권)
	제17조(탈퇴·제명조합원의 손실액 부담)

제1장 총칙

제1조(설립과 명칭) 이 조합은 협동조합기본법에 의하여 설립하며, ○○협
동조합이라 한다.

제2조(목적) ○○협동조합(이하 '조합'이라 한다)**은 자주적·자립적·자치적인
조합 활동을 통하여 _____ 을 목적으로 한다.**

**제3조(조합의 책무) ① 조합은 조합원 등의 권익 증진을 위하여 교육·훈련
및 정보 제공 등의 활동을 적극적으로 수행한다.**(法)

**② 조합은 다른 협동조합, 다른 법률에 따른 협동조합, 외국의 협동조합
및 관련 국제기구 등과의 상호 협력, 이해 증진 및 공동사업 개발 등을
위하여 노력한다.**(法)

제4조(사무소의 소재지) 조합의 주된 사무소는 ○○시·도에 두며, 이사회의

의결에 따라 필요한 곳에 지사무소를 둘 수 있다.

제5조(사업구역) 조합의 사업구역은 ○○○로 한다.

제6조(공고방법) ① 조합의 공고는 주된 사무소의 게시판(지사무소의 게시판을 포함한다) 또는 조합의 인터넷 홈페이지(www.ooo.com)에 게시하고, 필요하다고 인정하는 때에는 ○○특별시·광역시·특별자치시·도·특별자치도에서 발간되는 일간신문 및 중앙일간지에 게재할 수 있다.

② 제1항의 공고기간은 7일 이상으로 하며, 조합원의 이해에 중대한 영향을 미칠 수 있는 내용에 대하여는 공고와 함께 서면으로 조합원에게 통지하여야 한다.

제7조(통지 및 최고방법) 조합원에 대한 통지 및 최고는 조합원명부에 기재된 주소지로 하고, 통지 및 최고기간은 7일 이상으로 한다. 다만, 조합원이 따로 연락받을 연락처를 지정하였을 때에는 그곳으로 한다.

제8조(공직선거 관여 금지) ① 조합은 공직선거에 있어서 특정 정당을 지지·반대하거나 특정인을 당선되도록 하거나 당선되지 아니하도록 하는 일체의 행위를 하여서는 아니 된다.(法)

② 누구든지 조합을 이용하여 제1항에 따른 행위를 하여서는 아니 된다.(法)

제9조(규약 또는 규정) 조합의 운영 및 사업실시에 관하여 필요한 사항으로서 이 정관으로 정한 것을 제외하고는 규약 또는 규정으로 정할 수 있다.(法)

제2장 조합원

제10조(조합원의 자격) 조합의 설립목적에 동의하고 조합원으로서의 의무를 다하고자 하는 자는 조합원이 될 수 있다.(法)

제11조(조합원의 가입) ① 조합원의 자격을 가진 자가 조합에 가입하고자 할 때에는 가입신청서를 제출하여야 한다.

② 조합은 제1항에 따른 신청서가 접수되면 신청인의 자격을 확인하고 가입의 가부를 결정하여 신청서를 접수한 날부터 2주 이내에 신청인에게 서면 또는 전화 등의 방법으로 통지하여야 한다.

③ 제2항의 규정에 따라 가입의 통지를 받은 자는 조합에 가입할 자격을 가지며 납입하기로 한 출자좌수에 대한 금액을 가입 후 ○개월 내에 조합에 납부함으로써 조합원이 된다.

④ 조합은 정당한 사유 없이 조합원의 자격을 갖추고 있는 자에 대하여 가입을 거절하거나 가입에 관하여 다른 조합원보다 불리한 조건을 붙일 수 없다.(法)

제12조(조합원의 고지의무) 조합원은 제11조제1항에 따라 제출한 가입신청서의 기재사항에 변경이 있을 때 또는 조합원의 자격을 상실하였을 때에는 지체 없이 조합에 이를 고지하여야 한다.

제13조(조합원의 책임) 조합원의 책임은 납입한 출자액을 한도로 한다.(法)

제14조(탈퇴) ① 조합원은 조합에 탈퇴의사를 알리고 조합을 탈퇴할 수 있다.(法)

② 조합원은 다음 각 호의 어느 하나에 해당하는 때에는 당연히 탈퇴된다.(法)

1. 조합원의 자격이 없는 경우

2. 사망한 경우

3. 성년후견개시의 심판을 받은 경우

4. 조합원인 법인이 해산한 경우

제15조(제명) ① 조합은 조합원이 다음 각 호의 어느 하나에 해당하면 총회의 의결을 얻어 제명할 수 있다.

1. 출자금 및 경비의 납입 등 조합에 대한 의무를 이행하지 아니한 경우(法)

2. ○년 이상 계속해서 조합의 사업을 이용하지 아니한 경우

3. 조합의 사업과 관련된 법령·행정처분·정관 및 총회의결사항, 규약· 규정을 위반한 경우

4. 고의 또는 중대한 과실로 조합의 사업을 방해하거나 신용을 상실하게 하는 행위를 한 경우

② 조합은 제1항에 따라 조합원을 제명하고자 할 때에는 총회 개최 10 일 전에 그 조합원에게 제명의 사유를 알리고 총회에서 의견을 진술할 기회를 주어야 한다.(法)

③ 제2항에 따른 의견진술의 기회를 주지 아니하고 행한 총회의 제명 의결은 해당 조합원에게 대항하지 못한다.(法)

④ 조합은 제명결의가 있었을 때에 제명된 조합원에게 제명이유를 서면 으로 통지하여야 한다.

제16조(탈퇴·제명조합원의 지분환급청구권) ① 탈퇴 조합원(제명된 조합원 을 포함한다. 이하 이 조와 제17조에서 같다)은 지분의 환급을 청구할 수 있 다.(法)

② 조합은 탈퇴 조합원이 조합에 대한 채무를 다 갚을 때까지는 제1항 에 따른 지분의 환급을 정지할 수 있다.(法) 다만, 탈퇴 조합원이 조합에 대하여 채무가 있을 때에는 제1항에 따른 환급금과 상계할 수 있다.

③ 제1항에 따른 청구권은 탈퇴(제명을 포함한다. 이하 이 조와 제17조에서 같다) 당시의 회계연도의 다음 회계연도부터 청구할 수 있다.(法)

④ 제1항에 따른 청구권은 제3항에 따라 청구권을 행사할 수 있는 날부 터 2년간 행사하지 아니하면 소멸된다.(法)

제17조(탈퇴·제명조합원의 손실액 부담) ① 조합은 조합의 재산으로 그 채 무를 다 갚을 수 없는 경우에는 탈퇴 조합원의 지분의 환급분을 계산할

때, 탈퇴 조합원이 부담하여야 할 손실액의 납입을 청구할 수 있다.(法)

② 제1항에 따른 손실액의 납입 청구에 관하여는 제16조제4항을 준용한다.

Ⅱ. 사업(Step 3~Step 5)

장	조
제3장 출자와 경비부담 및 적립금	**제18조(출자)**
	제18조의2(우선출자)
	제19조(출자증서등의 교부)
	제20조(지분의 범위)
	제21조(지분등의 양도와 취득금지)
	제22조(출자금액의 감소의결)
	제23조(출자감소 의결에 대한 채권자의 이의)
	제24조(경비 및 사용료와 수수료)
	제25조(과태금)
	제26조(법정적립금)
	제27조(임의적립금)
제6장 사업과 집행	**제61조(사업의 종류)**
	제62조(사업의 이용)
	제63조(사업계획과 수지예산)
제7장 회계	64조(회계연도)
	제65조(회계)
	제66조(특별회계의 설치)
	제67조(결산등)
	제68조(손실금의 보전)
	제69조(잉여금의 배당 및 이월)

제3장 출자와 경비부담 및 적립금

제18조(출자) ① 조합원은 ○좌 이상의 출자를 하여야 하며 출자 1좌의 금액은 ○○○원으로 한다.

② 한 조합원의 출자좌수는 총 출자좌수의 100분의 30을 초과해서는

아니 된다.(法)

③ 출자금은 ○일까지 납입한다.

④ 조합에 납입할 출자금은 조합에 대한 채권과 상계하지 못한다.(法)

⑤ 출자는 현물로도 할 수 있고, 현물출자의 경우 규약이 정하는 바에 따라 출자액을 계산한다. 이 경우 현물출자자는 출자의 납입기일에 출자의 목적인 재산의 전부를 조합 또는 조합에서 지정한 장소에 납입하여야 한다.

※ 우선출자 발행하는 협동조합인 경우

제18조의2(우선출자) ① 조합은 자기자본의 확충을 통한 경영의 건전성을 도모하기 위하여 잉여금배당에서 우선적 지위를 가지는 우선출자를 발행할 수 있다.

② 우선출자에 대한 배당은 제18조에 따른 출자에 대한 배당보다 우선하여 실시하되, 그 배당률은 액면금액의 100분의 ○○이상 100분의 ○○이하의 범위 안에서 정기총회에서 정한다.

※ 우선출자 발행하지 않는 협동조합인 경우

제18조의2(우선출자) 조합은 협동조합기본법 제22조의2에 따른 우선출자는 발행하지 아니한다.

제19조(출자증서등의 교부) ① 조합의 이사장은 조합원이 제18조의 규정에 의하여 최초 출자금을 납입한 때 및 조합원이 요구할 때에는 다음 각 호의 사항을 적은 출자증서 또는 출자를 확인할 수 있는 증표에 기명날인하여 조합원에게 발급하여야 한다.

1. 조합의 명칭

2. 조합원의 성명 또는 명칭

3. 조합 가입 연월일

4. 출자금의 납입 연월일

5. 출자금액 또는 출자좌수

6. 발행 연월일

② 조합의 이사장은 매년 정기총회 ○일 후까지 조합원의 지분 변동상황을 조합원에게 알려주어야 한다. 이 경우 우편, 전자통신매체 등을 이용하여 통지할 수 있다.

제20조(지분의 범위) 조합의 재산에 대한 조합원의 지분은 다음 각 호와 같다. 다만, 법 제50조제1항에 의한 법정적립금은 지분 범위에 포함되지 아니한다.

1. 조합원이 납입한 출자금

2. 매 회계연도 총회에서 지분으로 확정한 준비금 등

제21조(지분등의 양도와 취득금지) ① 조합원 지위의 양도 또는 조합원 지분의 양도는 총회의 의결을 받아야 한다.(法)

② 조합원이 아닌 자가 지분을 양수하려고 할 때에는 가입의 예에 따른다.

③ 지분의 양수인은 그 지분에 관하여 양도인의 권리의무를 승계한다.

④ 조합원은 지분을 공유하지 못한다.

⑤ 조합은 조합원의 출자지분을 취득하거나 이를 질권의 목적으로 하여서는 아니 된다.(法)

제22조(출자금액의 감소의결) ① 조합은 부득이한 사유가 있을 때에는 조합원의 신청에 의하여 출자좌수를 감소할 수 있다.

② 조합은 출자 1좌 금액의 감소 또는 출자좌수의 감소(이하 "출자감소"라 한다)를 의결한 경우에는 그 의결을 한 날부터 14일 이내에 대차대조표를 작성한다.(法)

③ 조합은 제2항에 따른 의결을 한 날부터 14일 이내에 채권자에 대하여 이의가 있으면 조합의 주된 사무소에 이를 서면으로 진술하라는 취지를 공고하고, 이미 알고 있는 채권자에게는 개별적으로 최고하여야

한다.(法)

④ 제3항에 따른 이의신청 기간은 30일 이상으로 한다.(法)

⑤ 그 밖의 출자감소의 절차와 방법에 관하여는 별도의 규약으로 정할 수 있다.

제23조(출자감소 의결에 대한 채권자의 이의) ① 채권자가 제22조의 이의신청 기간에 출자감소에 관한 의결에 대하여 이의를 신청하지 아니하면 출자감소를 승인한 것으로 본다.(法)

② 채권자가 이의를 신청하면 조합은 채무를 변제하거나 상당한 담보를 제공하여야 한다.(法)

제24조(경비 및 사용료와 수수료) ① 조합은 사업운영을 위하여 조합원 및 조합의 사업을 이용하는 자에게 다음 각 호의 경비 및 사용료와 수수료를 부과 및 징수할 수 있다.

1. 기본회비

2. ○○할 목적으로 ○○에게 징수하는 특별회비

3. ○○사용료

4. ○○수수료

② 제1항에 따른 경비 및 사용료와 수수료의 부과대상, 부과금액, 부과방법, 징수시기와 징수방법은 규약으로 정한다.

③ 조합원은 제1항에 따른 경비 및 사용료와 수수료를 납입할 때 조합에 대한 채권과 상계할 수 없다.

④ 제2항의 부과금에 있어서 조합원 등에 대한 부과금액의 산정기준 사항에 변경이 있어도 이미 부과한 금액은 변경하지 못한다.

제25조(과태금) ① 조합은 조합원이 출자금 또는 경비 등의 납입의무를 그 기한까지 이행하지 아니하는 경우에는 과태금을 징수할 수 있다.

② 조합원은 제1항에 따른 과태금을 조합에 대한 채권과 상계할 수 없다.

③ 과태금의 금액 및 징수방법은 규약으로 정한다.

제26조(법정적립금) ① **조합은 매 회계연도 결산의 결과 잉여금이 있는 때에는 해당 회계연도 말 출자금 납입총액의 3배가 될 때까지 잉여금의 100분의 10 이상을 적립하여야 한다.**(法)

② 제1항의 법정적립금은 손실금의 보전에 충당하거나 해산하는 경우 외에는 사용하여서는 아니 된다.(法)

제27조(임의적립금) ① 조합은 매 회계연도의 잉여금에서 제26조에 따른 법정적립금을 빼고 나머지가 있을 때에는 총회에서 결정하는 바에 따라 매 회계연도 잉여금의 100분의 ○○ 이상을 임의적립금으로 적립할 수 있다.

② 임의적립금은 총회에서 결정하는 바에 따라 사업준비금, 사업개발비, 교육 등 특수목적을 위하여 지출할 수 있다.

제6장 사업과 집행

제61조(사업의 종류) ① **이 조합은 그 목적을 달성하기 위하여 다음 각 호의 사업을 할 수 있다.**

1. ○○○ 사업

2. ○○○ 사업

3. 조합원과 직원에 대한 상담, 교육·훈련 및 정보제공 사업(法)

4. 조합 간 협력을 위한 사업(法)

5. 조합의 홍보 및 지역사회를 위한 사업(法)

② 조합의 사업은 관계 법령에서 정하는 목적·요건·절차·방법 등에 따라 적법하고 타당하게 시행되어야 한다.(法)

③ 제1항과 제2항에도 불구하고 조합은 「통계법」 제22조제1항에 따라

통계청장이 고시하는 한국표준산업분류에 의한 금융 및 보험업을 영위
할 수 없다.(法)

제62조(사업의 이용) 조합은 조합원이 이용하는 데에 지장이 없는 범위에
서 다음 각 호의 경우 조합원이 아닌 자에게 사업을 이용하게 할 수 있
다.

　1. ○○○

　2. ○○○

제63조(사업계획과 수지예산) 이사회는 매 회계연도 경과 후 3개월 이내에
해당 연도의 사업계획을 수립하고 동 계획의 집행에 필요한 수지예산을
편성하여 총회의 의결을 받아야 한다.(法)

제7장 회계

제64조(회계연도) 조합의 회계연도는 매년 ○월 ○일부터 ○월 ○일까지
로 한다.

제65조(회계) ① 조합의 회계는 일반회계와 특별회계로 구분한다.(法)

　② 당해 조합의 사업은 일반회계로 하고, 특별회계는 조합이 특정사업
을 운영할 때, 특정자금을 보유하여 운영할 때, 기타 일반회계와 구분
경리할 필요가 있을 때 설치한다.

제66조(특별회계의 설치) 특별회계는 다음 각 호의 사업 또는 자금을 운영
하기 위하여 설치한다.

　1. ○○사업

　2. ○○자금

제67조(결산등) ① 조합은 정기총회일 7일 전까지 결산보고서를 감사에게
제출하여야 한다.(法)

② 조합은 제1항에 따른 결산보고서와 감사의 의견서를 정기총회에 제출하여 승인을 받아야 한다.(法)

제68조(손실금의 보전) 조합은 매 회계연도의 결산 결과 손실금(당기손실금을 말한다)이 발생하면 미처분이월금, 임의적립금, 법정적립금 순으로 이를 보전하고, 보전 후에도 부족이 있을 때에는 이를 다음 회계연도에 이월한다.(法)

제69조(잉여금의 배당 및 이월) ① 조합은 제68조에 따른 손실금의 보전과 제26조 및 제27조의 법정적립금 및 임의적립금 등을 적립한 후에 잔여가 있을 때에는 총회의 결의로 조합원에게 잉여금을 배당할 수 있다.(法)

② 제1항의 배당 시 조합원별 배당금의 계산은 조합 사업의 이용실적 또는 조합원이 납입한 출자액의 비율에 따라 이를 행한다. 이 경우 잉여배당금은 다음 각 호의 원칙을 준수하여야 한다.(法)

　1. 협동조합 사업 이용실적에 대한 배당은 전체 배당액의 100분의 50 이상이어야 한다.

　2. 납입출자액에 대한 배당은 납입출자금의 100분의 10을 초과하여서는 아니 된다.

③ 잉여금배당의 방법, 절차 등은 규약으로 정한다.

④ 조합은 제68조에 따른 손실금의 보전과 제26조 및 제27조에 따른 적립금 적립 및 제1항에 따른 배당을 실시한 후에 잔여가 있을 때에는 총회의 결의로 잉여금을 다음 회계연도에 이월할 수 있다.

Ⅲ. 모임(Step 6, Step 7)

장	조
제4장 총회와 이사회	제28조(총회)
	제29조(대의원총회)
	제30조(대의원의 의무 및 자격상실)
	제31조(정기총회)
	제32조(임시총회)
	제33조(총회의 소집절차)
	제33조의2(조합원제안권)
	제34조(총회의 의결사항)
	제35조(총회의 의사)
	제36조(특별의결사항)
	제37조(의결권 및 선거권)
	제38조(대리인이 될 자격)
	제39조(총회의 의사록)
	제40조(총회의 운영규약)
	제41조(총회의 회기연장)
	제42조(이사회)
	제43조(이사회의 의결사항)
	제44조(이사회의 의사)
	제45조(이사회의 의사록)
제5장 임원과 직원	제46조(임원의 정수)
	제47조(임원의 선임)
	제48조(선거운동의 제한)
	제49조(선거관리위원회의 구성·운영)
	제50조(임원등의 결격사유)
	제51조(임원의 임기)
	제52조(임직원의 겸직금지)
	제53조(이사장 및 이사의 직무)
	제53조의2(이사의 경업금지)
	제53조의3(이사와 협동조합 간의 거래)
	제54조(감사의 직무)
	제55조(감사의 대표권)
	제56조(임원의 의무와 책임)
	제57조(임원의 보수등)
	제58조(임원의 해임)
	제59조(운영의 공개)
	제60조(직원의 임면등)

제4장 총회와 이사회

제28조(총회) ① 조합은 총회를 둔다.(法)

② 총회는 정기총회와 임시총회로 구분한다.

③ 총회는 이사장과 조합원으로 구성하며, 이사장이 그 의장이 된다.(法)

제29조(대의원총회) ① 조합원의 수가 200인을 초과하는 경우 총회에 갈음하는 대의원 총회를 둘 수 있다.(法)

② 대의원은 조합원 중에서 선출한다.(法)

③ 대의원 총회를 구성하는 대의원 정수는 대의원 선출 당시 조합원 총수의 100분의 10 이상이어야 한다. 다만, 대의원 총수가 100명을 초과하는 경우에는 100명으로 할 수 있다.(法)

④ 대의원의 임기만료 또는 사임으로 인해 대의원 정수를 충족하지 못하는 경우 퇴임한 대의원은 새로운 대의원이 선임될 때까지 대의원의 권리·의무가 있다.

⑤ 대의원의 의결권 및 선거권은 대리인으로 하여금 행사하게 할 수 없다.(法)

⑥ 대의원의 임기는 ○년으로 한다. 다만, 결원으로 인하여 선출된 대의원의 임기는 전임자의 임기의 남은기간으로 한다.

⑦ 대의원은 조합원의 선거를 통하여 선출하며, 선거방법에 관한 사항은 선거관리규정으로 정한다.

⑧ 대의원총회에 관하여는 총회에 관한 사항을 준용하며, 이 경우 "조합원"은 "대의원"으로 본다.(法)

⑨ 대의원총회는 조합의 합병, 분할 및 해산에 관한 사항은 의결할 수 없다.(法)

제30조(대의원의 의무 및 자격상실) ① 대의원은 성실히 대의원총회에 출석하고, 그 의결에 참여하여야 한다.

② 대의원총회는 대의원이 다음 각 호의 어느 하나에 해당하는 행위를 할 때에는 그 의결로 대의원자격을 상실하게 할 수 있다. 이 경우 해당 대의원에게 서면으로 자격상실 이유를 의결일 7일 전까지 통지하고, 총회 또는 대의원총회에서 의견을 진술할 기회를 주어야 한다.

1. 대의원총회 소집통지서를 받고 정당한 사유 없이 계속하여 3회 이상 출석하지 아니하거나 대의원총회에 출석하여 같은 안건에 대한 의결에 2회 이상 참가하지 아니한 경우
2. 부정한 방법으로 대의원총회의 의사를 방해한 경우
3. 고의 또는 중대한 과실로 이 조합의 명예 또는 신용을 훼손시킨 경우

제31조(정기총회) 정기총회는 매년 1회 회계연도 종료 후 3개월 이내에 이사장이 소집한다.(法)

제32조(임시총회) ① 임시총회는 다음 각 호의 어느 하나에 해당하는 경우에 이사장이 소집한다.

1. 이사장 및 이사회가 필요하다고 인정할 때
2. 조합원이 조합원 5분의 1 이상의 동의를 받아 소집의 목적과 이유를 적은 서면을 제출하여 이사장에게 소집을 청구한 때
3. 감사가 조합의 재산상황이나 업무집행에 부정한 사실이 있는 것을 발견하고 그 내용을 총회에 신속히 보고할 필요가 있다고 인정하여 이사장에게 소집을 청구한 때

② 이사장은 제1항 제2호(제58조 규정에 따른 해임 요구를 포함한다) 및 제3호의 청구를 받으면 정당한 사유가 없는 한 2주 이내에 소집절차를 밟아야 한다.

③ 제1항 제2호 및 제3호의 규정에 의하여 총회의 소집을 청구하였으나 총회를 소집할 자가 없거나 그 청구가 있은 날부터 2주 이내에 이사장이 총회의 소집절차를 밟지 아니한 때에는 감사가 7일 이내에 소집절차를 밟아야 한다. 이 경우 감사가 의장의 직무를 수행한다.

④ 감사가 제3항의 기한 이내에 총회의 소집절차를 밟지 아니하거나 소집할 수 없는 경우에는 제1항 제2호의 규정에 의하여 총회의 소집을 청구한 조합원의 대표가 이를 소집한다. 이 경우 조합원의 대표가 의장의 직무를 수행한다.

제33조(총회의 소집절차) ① 이사장은 총회 개최 7일 전까지 회의목적·안건·일시 및 장소를 우편 또는 전자통신매체 등으로 각 조합원에게 통지하여야 한다.(法)

② 이사장이 궐위 또는 부득이한 사유로 총회를 소집할 수 없을 때에는 제53조에서 정하고 있는 순으로 이를 소집한다.

제33조의2(조합원제안권) ① 조합원이 조합원 5분의 1 이상의 동의를 받아 이사장에게 총회일의 2주 전에 서면으로 일정한 사항을 총회의 목적사항으로 할 것을 제안(이하 '조합원제안'이라 한다)할 수 있다.

② 이사장은 제1항에 의한 조합원제안이 있는 경우에는 이를 이사회에 보고하고, 이사회는 조합원제안의 내용이 법령 또는 정관을 위반하는 경우를 제외하고는 이를 총회의 목적사항으로 하여야 한다. 이 경우 조합원제안을 한 자가 청구하면 총회에서 그 제안을 설명할 기회를 주어야 한다.

제34조(총회의 의결사항) 다음 각 호의 사항은 총회의 의결을 얻어야 한다.(法)

1. 정관의 변경

2. 규약의 제정과 변경 또는 폐지

3. 임원의 선출과 해임

4. 사업계획 및 예산의 승인

5. 결산보고서(사업보고서, 대차대조표, 손익계산서, 잉여금처분안 또는 손실 금처리안 등을 말한다. 이하 같다)의 승인

6. 감사보고서의 승인

7. 협동조합의 합병·분할·해산, 휴업 또는 계속

8. 조합원의 제명

9. 다른 협동조합에 대한 우선 출자

10. 탈퇴 조합원(제명된 조합원을 포함한다)에 대한 출자금 환급

11. 그 밖에 이사장 또는 이사회가 필요하다고 인정하는 사항

제35조(총회의 의사) ① 총회의 의사는 법령상 다른 규정이 있는 경우를 제외하고는 총 조합원 과반수의 출석으로 개회하고 출석조합원 과반수의 찬성으로 의결한다.(法)

② 제1항의 규정에 의한 총회의 개의 정족수 미달로 총회가 유회된 때에는 이사장은 20일 이내에 다시 총회를 소집하여야 한다.

③ 총회는 제33조에 따라 미리 통지한 사항에 한하여 의결할 수 있다. 다만, 긴급을 요하여 총 조합원의 3분의 2이상의 출석과 출석조합원 3분의 2 이상의 찬성이 있는 때에는 그러하지 아니하다.

④ 총회에서 조합과 조합원간의 이익이 상반되는 사항에 대하여 의결을 행할 때에는 해당 조합원은 의결에 참가하지 못한다. 이 경우 의결에 참가하지 못하는 조합원은 의결정족수에 포함되지 아니한다.

제36조(특별의결사항) 다음 각 호의 사항은 조합원 과반수의 출석과 출석 조합원 3분의 2 이상의 찬성으로 의결한다.(法)

1. 정관의 변경

2. 조합의 합병·분할·해산 또는 휴업 또는 계속

3. 조합원의 제명

4. 탈퇴 조합원(제명된 조합원을 포함한다)에 대한 출자금 환급

5. 다른 협동조합에 대한 우선출자

제37조(의결권 및 선거권) ① 조합원은 출자좌수에 관계없이 각각 1개의 의결권과 선거권을 갖는다.(法)

② 조합원은 대리인으로 하여금 의결권 및 선거권을 행사하게 할 수 있다. 이 경우 그 조합원은 출석한 것으로 본다.(法)

③ 제38조의 자격을 갖춘 대리인이 의결권 또는 선거권을 행사할 때에는 대리권을 증명하는 서면을 의결권 또는 선거권을 행사하기 전에 조합이 정하는 양식에 따라 미리 조합에 제출하여야 한다.(法)

제38조(대리인이 될 자격) 전조 제2항에 따른 대리인은 다른 조합원 또는 본인과 동거하는 가족(조합원의 배우자, 조합원 또는 그 배우자의 직계 존속·비속과 형제자매, 조합원의 직계 존속비속 및 형제자매의 배우자를 말한다)이어야 하며, 대리인이 대리할 수 있는 조합원의 수는 1인에 한정한다.(法)

제39조(총회의 의사록) ① 총회의 의사에 관하여 의사록을 작성하여야 한다.(法)

② 의사록에는 의사의 진행 상황과 그 결과를 적고 의장과 총회에서 선출한 조합원 3인 이상이 기명날인하거나 서명하여야 한다.(法)

제40조(총회의 운영규약) 정관에 규정하는 외에 총회의 운영에 관하여 필요한 사항은 총회운영규약으로 정한다.

제41조(총회의 회기연장) ① 총회의 회기는 총회의 결의에 의하여 연장할 수 있다.

② 제1항의 규정에 의하여 속행된 총회는 제33조제1항의 규정을 적용하지 아니한다.

제42조(이사회) ① 조합에 이사회를 둔다.(法)

② 이사회는 이사장 및 이사로 구성한다.(法)

③ 이사장은 이사회를 소집하고 그 의장이 된다.(法)

④ 이사회의 소집은 회의일 7일전까지 회의의 목적, 안건, 일시 및 장소를 기재한 서면을 각 이사에게 통지하여야 한다. 다만 긴급을 요하여 이사회 구성원 과반수의 동의가 있을 때에는 소집절차를 생략할 수 있다.

⑤ 이사는 이사장에게 이사회 소집을 요구할 수 있다. 이사장이 정당한 사유 없이 이사회 소집을 거절하는 경우에는 다른 이사가 이사회를 소집할 수 있다.

⑥ 감사는 필요하면 회의의 목적사항과 소집이유를 서면에 적어 이사장에게 제출하여 이사회 소집을 청구할 수 있다. 이 경우 감사가 청구를 하였는데도 이사장이 지체 없이 이사회를 소집하지 아니하면 그 청구한 감사가 이사회를 소집할 수 있다.

⑦ 제5항과 제6항의 경우 이사장이 의장의 직무를 행할 수 없을 경우에는 제53조에 정한 순서대로 이사장의 직무를 대행할 이사가 그 직무를 대행한다.

제43조(이사회의 의결사항) ① 이사회는 다음 각 호의 사항을 의결한다.(法)

1. 조합의 재산 및 업무집행에 관한 사항

2. 총회의 소집과 총회에 상정할 의안

3. 규정의 제정과 변경 및 폐지

4. 사업계획 및 예산안 작성

5. 간부 직원의 임면 승인

6. 그 밖에 조합의 운영에 중요한 사항 또는 이사장이 부의하는 사항

② 이사회는 제61조 각 호의 사업을 수행하기 위하여 필요한 위원회를 설치 운영할 수 있다.

③ 제2항의 위원회 구성 및 운영에 관하여는 별도 규정으로 정한다.

제44조(이사회의 의사) ① **이사회는 구성원 과반수의 출석으로 개회하고 출석이사 과반수의 찬성으로 의결한다.(法)**

② 이사의 개인 이익과 조합의 이익이 상반되는 사항이나 신분에 관련되는 사항에 관하여는 당해 이사는 이사회의 의결에 관여할 수 없다. 이 경우 의결에 참가하지 못하는 이사는 의사정족수와 의결정족수에 포함되지 아니한다.

제45조(이사회의 의사록) 이사회의 의사에 관하여는 의사의 경과와 그 결과를 기재한 의사록을 작성하고 참석 이사 전원이 이에 기명날인하거나 서명하여야 한다.

제5장 임원과 직원

제46조(임원의 정수) ① **조합의 임원으로 이사장 1명을 포함한 3명 이상 ○○명 이내의 이사와 1명 이상 ○명 이내의 감사를 둔다.**

② 제1항의 임원 중 이사회의 호선에 의해 상임임원을 둘 수 있다.

제47조(임원의 선임) ① 이사 및 감사는 총회가 조합원 중에서 선출한다. 다만 이사회의 추천에 따라 조합원 외의 자를 선출할 수 있다.

② 이사장은 이사 중에서 총회에서 선출한다.(法) 다만 부이사장, 전무이사 및 상무이사 등은 이사회가 이사 중에서 호선할 수 있다.

③ 임원의 결원에 따른 보궐선거는 결원이 발생한 날로부터 ○개월 이내로 하여야 한다.

④ 임원의 임기만료 또는 사임으로 제46조에 따른 임원의 정수를 충족하지 못하는 경우, 퇴임한 임원은 새로운 임원이 선임될 때까지 임원의 권리·의무가 있다.

⑤ 조합원인 법인이 협동조합의 임원인 경우 그 조합원인 법인은 임원

의 직무를 수행할 사람을 선임하고, 그 선임한 사람의 성명과 주소를 조합원에게 통지하여야 한다.(法)

⑥ 제1항~제5항의 선거 방법, 절차 등에 관하여는 별도의 선거관리규정으로 정한다.

제48조(선거운동의 제한) ① 누구든지 자기 또는 특정인을 조합의 임원 또는 대의원으로 당선되도록 하거나 당선되지 아니하도록 할 목적으로 다음 각 호의 어느 하나에 해당하는 행위를 할 수 없다.(法)

1. 조합원(조합에 가입신청을 한 자를 포함한다. 이하 이 조에서 같다)이나 그 가족(조합원의 배우자, 조합원 또는 그 배우자의 직계 존속·비속과 형제자매, 조합원의 직계 존속·비속 및 형제자매의 배우자를 말한다. 이하 이 조에서 같다) 또는 조합원이나 그 가족이 설립·운영하고 있는 기관·단체·시설에 대한 다음 각 목의 어느 하나에 해당하는 행위

   가. 금전·물품·향응이나 그 밖의 재산상의 이익을 제공하는 행위

   나. 공사의 직을 제공하는 행위

   다. 금전·물품·향응, 그 밖의 재산상의 이익이나 공사의 직을 제공하겠다는 의사표시 또는 그 제공을 약속하는 행위

2. 후보자가 되지 못하도록 하거나 후보자를 사퇴하게 할 목적으로 후보자가 되려는 사람이나 후보자에게 제1호 각 목에 규정된 행위를 하는 행위

3. 제1호 또는 제2호의 이익이나 직을 제공받거나 그 제공의 의사표시를 승낙하는 행위 또는 그 제공을 요구하거나 알선하는 행위

② 임원 또는 대의원이 되려는 사람은 선거일 공고일부터 선거일까지의 기간 중에는 선거운동을 위하여 조합원을 호별로 방문하거나 특정 장소에 모이게 할 수 없다.(法)

③ 누구든지 조합의 임원 또는 대의원 선거와 관련하여 연설·벽보, 그

밖의 방법으로 거짓의 사실을 공표하거나 공연히 사실을 적시하여 후보
자를 비방할 수 없다.(法)

④ 누구든지 임원 또는 대의원 선거와 관련하여 다음 각 호의 방법 이외
의 선거운동을 할 수 없다.(法)

   1.선전 벽보의 부착

   2.선거 공보의 배부

   3.소형 인쇄물의 배부

   4.합동 연설회 또는 공개 토론회의 개최

   5.전화(문자메시지를 포함한다)·팩스·컴퓨터통신(전자우편을 포함한다)을 이용한
    지지 호소

제49조(선거관리위원회의 구성·운영) ① 조합의 임원 및 대의원 선거를 공정
하게 관리하기 위하여 본 조합에 선거관리위원회(이하 "위원회"라 한다)를
구성·운영할 수 있다.(法)

② 위원회는 이사회의 의결을 거쳐 위원장 1인을 포함한 ○명 이내의
위원으로 구성한다. 이 경우 당해 선거에 임원으로 후보등록한 자는 위
원이 될 수 없다.

③ 위원의 위촉기간은 위촉일로부터 ○년으로 한다.

④ 위원장은 위원회를 대표하고 위원회를 소집하여 이를 주재한다.

⑤ 위원장은 중요한 사항에 대하여는 위원회에 부의하여 처리하여야 하
며, 위원회는 구성원 과반수의 출석으로 개의하고 출석자 과반수의 찬
성으로 의결한다.

⑥ 위원회는 다음 각 호의 사무를 관장한다.

   1. 후보자의 자격심사

   2. 선거인 명부의 확정

   3. 후보자 추천의 유·무효 판정

4. 선거공보의 작성과 선거운동방법 결정 및 계도

5. 선거관리, 투표관리 및 개표관리

6. 투표의 유·무효의 이의에 대한 판정

7. 선거관련 분쟁의 조정

8. 선거운동 제한규정 위반여부 심사 및 조치

9. 당선인의 확정

10. 그 밖에 선거에 필요한 사항

⑦ 위원회는 의사의 진행상황 및 그 결과를 적은 의사록을 작성하고, 참석위원이 기명날인하여야 한다.

⑧ 위원은 선거관리사무를 행함에 있어 공정을 기하여야 한다.

⑨ 그 밖에 위원회의 기능·구성 및 운영 등에 관하여 필요한 사항은 선거관리규정으로 정할 수 있다.

제50조(임원등의 결격사유) ① 다음 각 호의 어느 하나에 해당하는 자는 이 조합의 임원이나 임원의 직무를 수행할 사람이 될 수 없다.(法)

1. 피성년후견인

2. 파산선고를 받고 복권되지 아니한 사람

3. 금고 이상의 실형을 선고받고 그 집행이 끝나거나(집행이 끝난 것으로 보는 경우를 포함한다) 집행이 면제된 날부터 3년이 지나지 아니한 사람

4. 금고 이상의 형의 집행유예를 선고받고 그 유예기간 중에 있는 사람

5. 금고 이상의 형의 선고유예를 받고 그 선고유예기간 중에 있는 사람

6. 형법 제303조 또는 성폭력범죄의처벌등에관한특례법 제10조에 규정된 죄를 범한 사람으로서 300만 원 이상의 벌금형을 선고받고 그 형이 확정된 후 2년이 지나지 않은 사람

7. 법원의 판결 또는 다른 법률에 따라 자격이 상실 또는 정지된 사람

② 제1항 각호의 사유가 발생하면 해당 임원이나 임원의 직무를 수행할

사람은 당연히 퇴직한다.(法)

③ 제2항에 따라 퇴직된 임원이나 임원의 직무를 수행할 사람이 퇴직 전에 관여한 행위는 그 효력을 상실하지 아니한다.(法)

제51조(임원의 임기) ① 임원의 임기는 ○년으로 한다.

② 임원은 연임할 수 있다. 다만, 이사장은 두 차례만 연임할 수 있다.(法)

③ 결원으로 인하여 선출된 임원의 임기는 전임자의 임기종료일까지로 한다.(法)

제52조(임직원의 겸직금지) ① 이사장은 다른 조합의 이사장을 겸직할 수 없다.(法)

② 이사장을 포함한 이사와 직원은 감사를 겸직할 수 없다.(法)

③ 조합의 임직원은 국회의원 또는 지방의회의원을 겸직할 수 없다.(法)

④ 임원은 이 조합의 직원을 겸직할 수 없다. 다만, 조합원의 수가 10인 이하인 조합은 해당 기간 동안 그러하지 아니한다.(法)

제53조(이사장 및 이사의 직무) ① 이사장은 조합을 대표하고 이사회의 결정에 따라 조합의 업무를 집행한다.(法)

② 이사는 이사장을 보좌하며 조합의 업무를 집행한다.(法)

③ 이사장이 부득이한 사유로 직무를 수행할 수 없을 때에는 미리 이사회가 정한 순서대로 그 직무를 대행하고 해당자가 2인 이상일 경우에는 연장자 순으로 한다.

④ 제3항의 경우와 이사장이 권한을 위임한 경우를 제외하고는 이사장이 아닌 이사는 조합을 대표할 수 없다.(法)

제53조의2(이사의 경업금지) ① 이사는 조합원 전원의 동의를 받지 아니하고는 자기 또는 제3자의 계산으로 조합의 영업부류에 속한 거래를 하지 못하며, 같은 종류의 영업을 목적으로 하는 다른 회사의 이사 또는 집행

임원이 되지 못한다.(法)

② 이사가 전항의 규정에 위반하여 거래를 한 경우에 그 거래가 자기의 계산으로 한 것인 때에는 조합은 이를 조합의 계산으로 한 것으로 볼 수 있고, 제3자의 계산으로 한 것인 때에는 그 이사에 대하여 조합은 이로 인한 이득의 양도를 청구할 수 있다.(法)

③ 전항의 규정은 조합의 그 이사에 대한 손해배상의 청구에 영향을 미치지 못한다.(法)

④ 제2항의 권리는 다른 이사 과반수의 결의에 의하여 행사하여야 하며, 다른 이사의 1인이 그 거래를 안 날로부터 2주간을 경과하거나 그 거래가 있은 날로부터 1년을 경과하면 소멸한다.(法)

제53조의3(이사와 협동조합 간의 거래) 이사는 조합원 과반수의 결의가 있는 경우에만 자기 또는 제3자의 계산으로 조합과 거래를 할 수 있다. 이 경우에는 민법 제124조를 적용하지 아니한다.(法)

제54조(감사의 직무) ① 감사는 연 ○회 이상 조합의 업무집행 상황, 재산 상태, 장부 및 서류 등을 감사하여 총회에 보고하여야 한다.(法)

② 감사는 예고 없이 조합의 장부나 서류를 대조 확인할 수 있다.(法)

③ 감사는 이사장 및 이사가 법령·정관·규약·규정 또는 총회의 의결에 반하여 업무를 집행한 때에는 이사회에 그 시정을 요구하여야 한다.(法)

④ 감사는 총회 또는 이사회에 출석하여 의견을 진술할 수 있다.(法)

⑤ 제1항의 감사보고서 제출에 있어서 감사가 2인 이상인 경우 감사의 의견이 일치하지 아니할 경우에는 각각 의견을 제출할 수 있다.

제55조(감사의 대표권) 조합이 이사장을 포함한 이사와 소송을 하는 때에는 감사가 조합을 대표한다.(法)

제56조(임원의 의무와 책임) ① 임원은 법령과 조합의 정관, 규약, 규정 및 총회와 이사회의 의결을 준수하고 조합을 위하여 성실히 그 직무를 수

행하여야 한다.(法)

② 임원이 법령 또는 정관을 위반하거나 그 임무를 게을리하여 조합에 손해를 가한 때에는 연대하여 그 손해를 배상하여야 한다.(法)

③ 임원이 고의 또는 중대한 과실로 그 임무를 게을리하여 제3자에게 손해를 끼친 때에는 제3자에게 연대하여 그 손해를 배상하여야 한다.(法)

④ 제2항 및 제3항의 행위가 이사회의 의결에 의한 것일 때에는 그 의결에 찬성한 이사도 제2항 및 제3항의 책임이 있다.(法)

⑤ 제4항의 의결에 참가한 이사로서 명백한 반대의사를 표시하지 아니한 자는 그 의결에 찬성한 것으로 본다.(法)

⑥ 제2항부터 제5항까지의 규정에 따른 구상권의 행사는 감사 및 이사에 대하여는 이사장이, 이사장에 대하여는 감사가, 전체 임원에 대하여는 조합원 5분의 1 이상의 동의를 받은 조합원 대표가 한다.

제57조(임원의 보수등) 상임임원의 보수 및 상임임원을 제외한 임원의 여비 기타 실비변상에 대해서는 규정으로 정한다.

제58조(임원의 해임) ① 조합원은 조합원 5분의 1 이상의 동의로 총회에 임원의 해임을 요구할 수 있다.(法) 이 경우 해임에 동의하는 조합원은 해임의 이유를 서면으로 총회의 의장에게 제출하여야 한다.

② 총회의 의장은 부득이한 사유가 없는 한 30일 내에 총회 소집절차를 거쳐 해임 의안을 상정하여야 한다.

③ 의장은 총회 개최 10일 전에 해당 임원에게 해임 이유를 서면으로 통보하고, 총회에서 의견을 진술할 기회를 주어야 한다.(法)

④ 이사장 해임을 의결하는 총회에서는 제53조에 정한 순서대로 의장의 직무를 대행한다.

⑤ 임원의 해임을 의결하는 총회에서 해당 임원은 의결에 참가할 수 없다.

⑥ 임원의 해임 사유, 해임 절차 등에 관하여 기타 필요한 사항은 규약으로 정한다.

제59조(운영의 공개) ① 조합은 결산결과의 공고 등 운영사항을 적극 공개하여야 한다.(法)

② 조합은 정관·규약·규정과 총회·이사회의 의사록, 회계장부 및 조합원 명부를 주된 사무소에 비치하여야 한다.(法)

③ 결산보고서는 정기총회 7일 전까지 주된 사무소에 비치하여야 한다.

④ 조합원과 조합의 채권자는 제2항 및 제3항의 서류의 열람 또는 그 사본을 청구할 수 있다.(法)

⑤ 조합은 제4항의 청구가 있을 때에는 정당한 이유 없이 이를 거부하지 못한다.

⑥ 조합은 조합원수가 200인 이상이거나 정기총회의 승인을 받은 직전 사업연도의 결산보고서에 적힌 출자금 납입 총액이 30억 원 이상일 경우, 우선출자를 발행할 경우 결산일로부터 4개월 이내에 기획재정부장관이 지정하는 인터넷 사이트에 다음 각 호의 자료를 게재하여야 한다.(法)

　　1. 정관, 규약, 규정

　　2. 사업결산 보고서

　　3. 총회, 대의원총회, 이사회의 활동 상황

　　4. 사업결과 보고서

제60조(직원의 임면등) ① 직원은 이사장이 임면한다. 다만, 간부직원은 이사회의 결의를 거쳐 이사장이 임면한다.

② 직원의 임면, 급여, 기타 직원에 관하여 필요한 사항은 규정으로 정한다.

Ⅳ. 기타

장	조
제8장 합병·분할 및 해산	제70조(합병과 분할)
	제71조(해산)
	제72조(청산인)
	제73조(청산 잔여재산의 처리)

제8장 합병·분할 및 해산

제70조(합병과 분할) ① 조합은 합병계약서 또는 분할계획서를 작성한 후 총회의 의결을 얻어 합병 또는 분할할 수 있다.(法)

② 합병 또는 분할로 인하여 존속하거나 설립되는 조합은 합병 또는 분할로 소멸되는 조합의 권리의무를 승계한다.(法)

제71조(해산) ① 조합은 다음 각 호의 어느 하나에 해당하는 사유가 발생하였을 때에는 해산하고 해산절차는 민법 등 관련 법령에 의한다.(法)

1. 총회의 의결

2. 합병·분할 또는 파산

② 이사장은 조합이 해산한 때에는 지체 없이 조합원에게 통지하고 공고하여야 한다.

제72조(청산인) ① 조합이 해산한 때에는 파산으로 인한 경우를 제외하고는 이사장이 청산인이 된다. 다만, 총회에서 다른 사람을 청산인으로 선임하였을 경우에는 그에 따른다.(法)

② 청산인은 취임 후 지체 없이 재산상태를 조사하고 재산목록과 대차대조표를 작성하여 재산처분의 방법을 정하여 총회의 승인을 얻어야 한다.(法)

③ 청산사무가 종결된 때에는 청산인은 지체 없이 결산보고서를 작성하

여 총회의 승인을 얻어야 한다.(法)

④ 제2항 및 제3항의 경우에 총회를 2회 이상 소집하여도 총회가 구성되지 아니할 때에는 출석 조합원 3분의 2 이상의 찬성이 있으면 총회의 승인이 있은 것으로 본다.(法)

제73조(청산 잔여재산의 처리) ① 조합이 해산 후 채무를 변제하고 청산 잔여재산이 있을 때에는 총회가 정한 산정방법에 의하여 이를 조합원에게 분배한다.

② 조합의 청산 잔여재산은 총회에서 정하는 바에 따라 이 조합과 유사한 목적을 가진 비영리법인에 증여할 수 있다.

부칙

이 정관은 ○○○시·도지사의 신고서류 수리가 완료된 날부터 시행한다.

발기인 ○ ○ ○ (인)

발기인 ○ ○ ○ (인)

발기인 ○ ○ ○ (인)

발기인 ○ ○ ○ (인)

발기인 ○ ○ ○ (인)

관계와 운영의 기초를 다지는 팀빌딩 워크북

Step by Step 함께 만드는 협동조합

1판 1쇄 발행 2021년 4월 15일   **1판 2쇄 발행** 2021년 11월 23일

지은이 주수원   **펴낸이** 전광철   **펴낸곳** 협동조합 착한책가게

주소 서울시 마포구 독막로 28길 10, 109동 상가 B101-957호

등록 제2015-000038호(2015년 1월 30일)

전화 02) 322-3238   **팩스** 02) 6499-8485

이메일 bonaliber@gmail.com

ISBN 979-11-90400-19-0   (03320)